学校で教えない教科書

面白いほどよくわかる

世界の宗教

宗教が果たした役割、歴史的背景から教典の基礎知識まで

宗教研究家 大野輝康 監修

日本文芸社

はじめに

宗教と政治の話は、食事の席ではするものではない。――かつてはそのようにいわれたものです。宗教の問題は、それほどにナイーヴなものなのです。宗教＝信仰心とは、人の心の奥深い部分に根を下ろし、尊重されるべき精神の営みであるからです。

一方で、世界情勢に目を向けると、あちらこちらで起きている紛争の原因となっているのが、宗教にまつわるものである現状に驚かされます。一人の人間の心の深淵にある信仰心と、民族間あるいは国家間のし烈な紛争の根源がどちらも宗教に由来しているところは、宗教の複雑な背景と長い歴史性とからくるものではないでしょうか。

国際化された現代では、世界の宗教と紛争の歴史的経緯を知ることは、教養のひとつとまでいわれます。本書は、それぞれの宗教の文化史に焦点を合わせ、わかりやすく解説をしたものです。文化史を追うことで、宗教あるいはその特徴についてご理解いただけるのではないかと思います。

目次

◆面白いほどよくわかる『世界の宗教』

・編集協力／有限会社ユニビジョン
・本文デザイン／難波　園子
・本文イラスト／長野　亨
・本文DTP／㈲アイエヌジー企画

第1章

宗教とは

分布概略図 1-1

世界の宗教人口（2007年）

世界の主な宗教

儒教・
道教
イスラム教
ヒンドゥー教
キリスト教　約21億7000万人
イスラム教　約13億3500万人
ヒンドゥー教　約8億7000万人
儒教・道教　約3億9000万人
仏教　約3億8000万人

人の不安を解消する宗教

1-2

●宗教のはじまり

宗教がいつからはじまったのかというと、一般的には人がものを考えるようになったときから、といわれています。

人が人であることの理由が、思考することだとしたならば、人は人として生きるそのときから、宗教あるいは宗教的なものとともにあったということになります。

考えることとは、生きていることの不安や苦悩を知ることであり、喜びを感じることでもあります。喜びや楽しみを知ると、次に人は死への恐怖や死んだあとのことを、考えるようになります。

「人は、なぜ死ぬのだろう」

「死んだあとは、どこへ行くのだろう」

生きていくうえでの苦悩とは別に、人間にとって最も恐ろしいとされる死への恐怖、この恐怖を救済する役割りを果たすものが、宗教のひとつのはたらきなのです。

現在でも多くの宗教は、それぞれの**来世観**というものをもち、人の死後に対する不安や恐怖に応えています。

●不安を解消してくれる宗教

人が生きるということは、人間関係、経済上の問題あるいは病など、常に煩悩と闘わなければならないのが宿命なのですが、そのような問題を解消へと導いてくれるものこそが宗教と考えられたのです。

神あるいは愛などの、精神を体系化した宗教の概念はさまざまですが、どの宗教にも共通しているのは、人の不安や迷いを解消してくれる存在として、誰もが宗教に対して同じく認識している点ではないでしょうか。

宗教のはじまり

◎宗教のはじまりは、人が**思考**をするようになったときから

つまり

人が人として生きるとき

＝

宗教、あるいは宗教的なもの
とともにあった

◎人が思考すると、**不安**、**苦悩**、**喜び**、**恐怖**などを知る

恐怖の最大のものは、人にとって**「死」**である

宗教は、人の死後の不安や恐怖に**来世観**で応える

不安の解消

◎人が生きることとは、常に**煩悩**と闘うこと

さまざまな煩悩（問題）を解消してくれるものが宗教

宗教を信じる者の共通認識

1-3

宗教の制度としての役割

●宗教は組織や制度でもある

宗教は、人の心を救済する信仰の対象としてあるほかに、組織や制度としての側面があります。どのような宗教であっても、信者が集まれば一般的には教団をつくります。

教団に集まる人々は、認識や価値観を同じくしているものですから、そこに属することで安心感を得たり、孤立することのない暮らしが保証される、という組織としての役割りを果たすことにもなるわけです。組織が教会、寺社あるいは宗教団体として存在するようになると、社会的にひとつの制度として認知されることになります。

制度としての役割りが定着すると、キリスト教信者ではなくとも結婚式を教会で行なったり仏教を信じていなくても仏式の葬儀を執り行なう人々があらわれます。宗教を単なる制度ととらえる人々にとっては、このような行為も決して矛盾することではないのです。

●宗教のもつ問題点

世界の宗教分布をみると（8ページ参照）**キリスト教**信者が最も多く、次に**イスラム教**、**ヒンドゥー教**、**儒教・道教**の順番となっていることがわかります。地域的特性や民族の違いはあっても、何らかのかたちでそれぞれの宗教が、神として崇《あが》める信仰の対象をもっている点は共通しています。神が愛や慈しみで人々を救う存在であるところも、間違いのないところです。

しかし一方で、宗教にまつわる紛争が、常に絶え間なく続いている現実も見過ごすことはできません。宗教を考えることは、歴史や政治とのかかわりについても知らなければならないということです。

宗教の組織・制度としての役割

組織
制度

宗教の役割

人の心を救うもの
死の不安に応えるもの

社会のなかで制度として定着すると

来世観

輪廻思想
最後の審判
など

●キリスト教信者ではなくとも

教会で結婚式

●仏教を信じることはなくとも

仏教で葬儀

宗教の問題点

キリスト教、イスラム教、ヒンドゥー教、
儒教、仏教など

それぞれ信仰の対象をもつ

神の存在

本来は人々の悩みや不安を解消し、愛や慈しみで人々を救うはずだが

現実は、宗教にまつわる紛争は絶えない

宗教と文化

1-4

●宗教と政治

宗教が、人間の精神的な活動であることから、その活動が政治的なものと大きくかかわりをもっていることは、歴史をみれば一目瞭然の事実です。政治支配に利用されたことから、宗教の対立が起こる例は、現在も世界の各地で起こっています。

パレスチナ紛争、アフガニスタン内戦などは当初ユダヤ教とイスラム教、またイスラム原理主義とイスラム教シーア派といった、宗教紛争に端を発したものでしたが、政治権力あるいは経済的利権と結びつくことで、宗教以外の問題となって各国間の代理戦争を引き起こすまでになっているのです。

●宗教と文化

他方、宗教が文化に果たした役割りも忘れてはいけません。絵画、彫刻をはじめとした建築物、あるいは宗教にまつわる文学や思想そして音楽など、宗教の歴史はそのまま文化の歴史であるといわれるほどに、宗教と文化、美術は密接な関係にあります。

イエスが磔刑《たっけい》に処せられた、イスラエルの**ゴルゴダの丘**に建つ、**聖墳墓教会**、イタリア、**サン・ピエトロ大聖堂**などは、キリスト教信者ではなくとも一生に一度は訪れたい名所として、世界中から多くの観光客を集めています。イスラム教の**モスク**やカンボジアの**アンコール・ワット**なども同様です。（16ページ参照）

絵画にいたっては、聖書の世界を描いた数多くの名作が、常に世界のどこかで展示会が開かれているほどに、人々の関心を集めているといいます。日本の寺社仏閣、仏像なども同じく外国人観光客を魅了しているのです。

宗教と政治

●主な宗教戦争

北アイルランド紛争

◎キリスト教カトリックとプロテスタント

ボスニア・ヘルツェゴビナ紛争

◎東方正教会とキリスト教カトリック

コソボ紛争

◎セルビア正教とイスラム教

パレスチナ紛争

◎ユダヤ教とイスラム教

アフガニスタン内戦

◎イスラム原理主義とシーア派

宗教と文化

●主な宗教にかかわる建造物

☆**ゴルゴダの丘**（イスラエル）
聖墳墓教会
☆**サン・ピエトロ大聖堂**（イタリア）
☆**カンタベリー大聖堂**（イギリス）
☆**タジ・マハール**（インド）
☆**アンコール・ワット**（カンボジア）
☆**聖モスク**（メッカ）

かかわる主な建造物 1-5

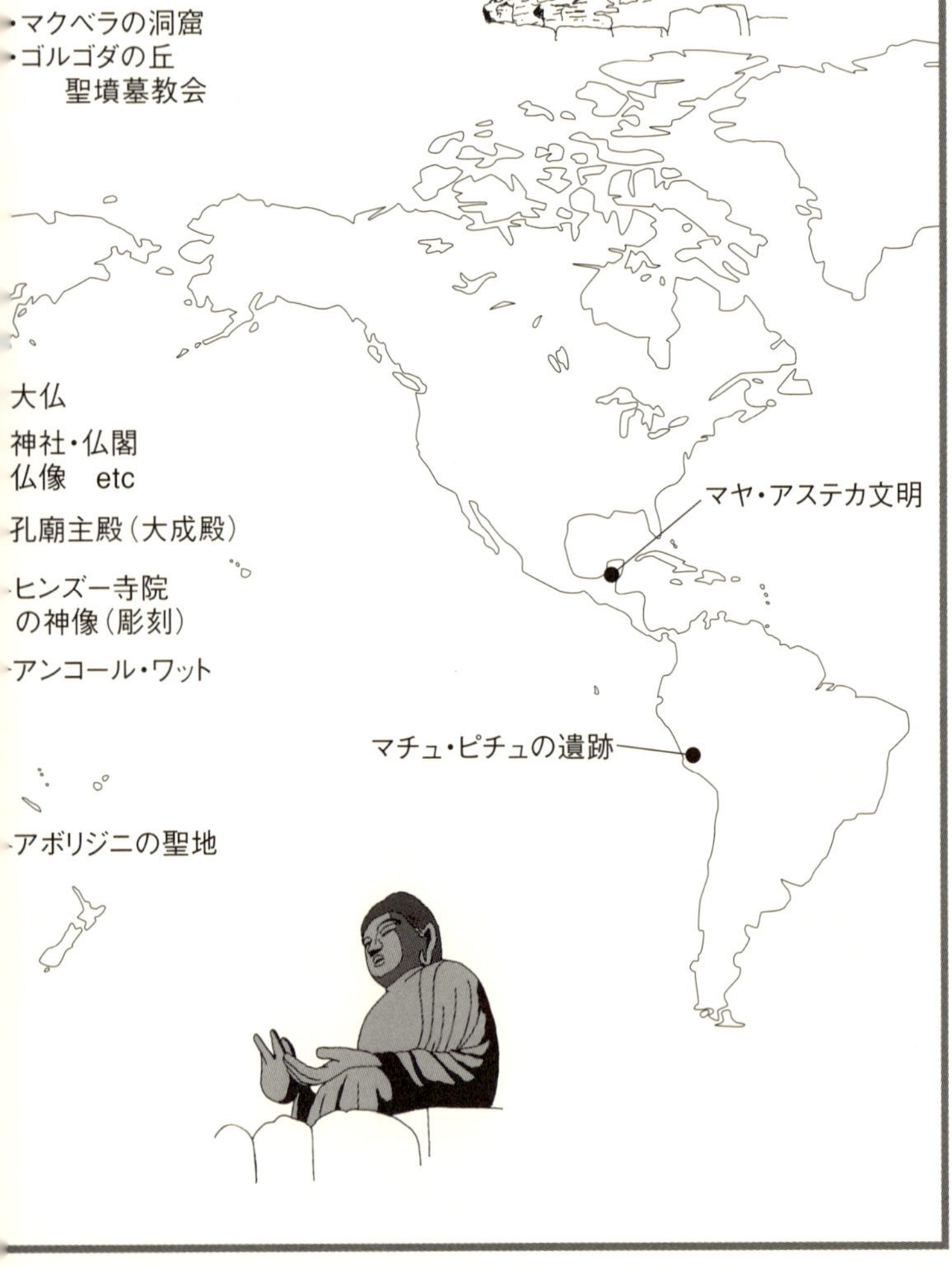

世界の宗教に

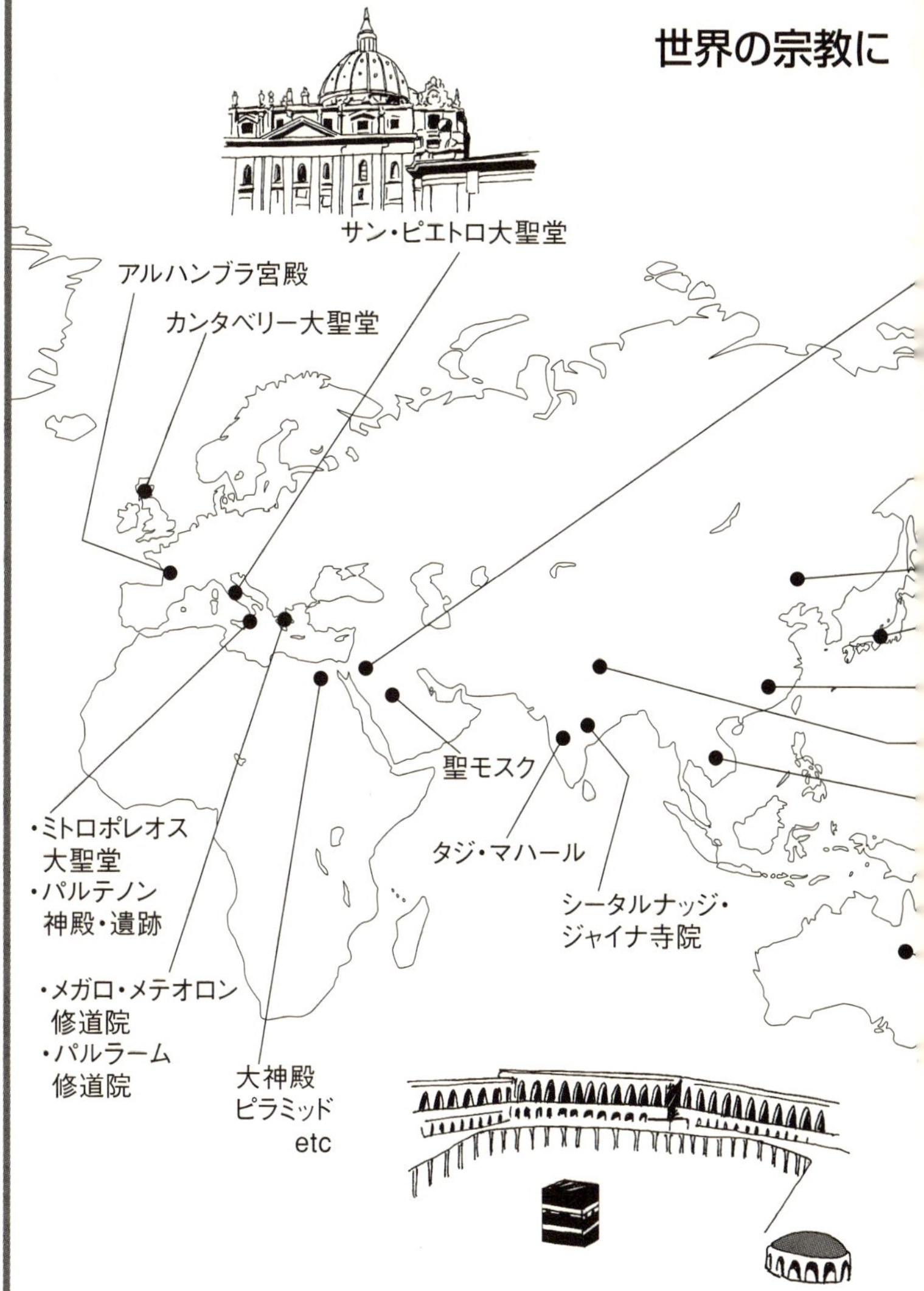
サン・ピエトロ大聖堂
アルハンブラ宮殿
カンタベリー大聖堂
聖モスク
・ミトロポレオス
大聖堂
・パルテノン
神殿・遺跡
タジ・マハール
シータルナッジ・
ジャイナ寺院
・メガロ・メテオロン
修道院
・パルラーム
修道院
大神殿
ピラミッド
etc

原始の宗教

1-6

●死者を葬る儀式

死者を葬るという、宗教のかたちが具体的な儀式としてあらわれたのは、今から約8万～5万年も以前からと考えられています。その頃出現した**ネアンデルタール人**の化石から、死者を副葬品とともに手厚く葬っていたと推測される研究が、報告されているのです。

約1万年前、**クロマニョン人**の頃になると、**アルミタラの壁画**（スペイン）や**ラスコーの壁画**（フランス）に描かれているように、呪術とみられる宗教的儀式を行なっていたこともわかっています。壁画の研究については、さまざまな解釈がなされているのですが、ほとんどが初期宗教のひとつと考えられているのです。

原始宗教の形態を知ることは、思考や感情を含めて、人間の根源的なあり方に迫ることになるところから、重要なポイントです。

●宗教的儀式

シャーマンという霊媒能力をもつ霊媒師を媒介して、霊的なものと交信するという宗教儀式を**シャーマニズム**といいます。日本では巫術《ふじゅつ》・巫俗など呼ばれます。

アニミズムとは、自然界のすべてのものには固有の霊が存在すると考える、宗教の原初的自然観のことです。**トーテミズム**は、自然界にある動植物を種族（親族）の象徴ととらえて崇拝する習慣のことをいいます。

どれも初期の宗教的儀式や形態を示すものですが、共通しているのは、人が自然環境のなかで自然と一体となって生きていくことを共有することで、よりよく生きていこうとする姿勢ではないでしょうか。

死者を葬る儀式

- ○約8万～5万年も前に、ネアンデルタール人は、死者を副葬品とともに手厚く葬っていた
- ○約1万年前、クロマニョン人は、壁画に宗教的儀式を行なっていたことを残している

宗教的儀式

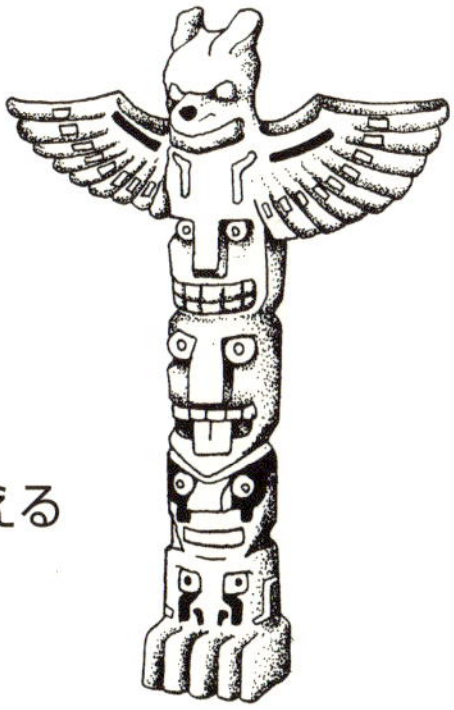

シャーマニズム

シャーマンが霊的なものと交信する

アニミズム

自然界のすべてに霊が存在すると考える宗教の原初的自然観

トーテミズム

自然界にある動植物を象徴として崇拝する習慣のこと

どれも初期の宗教的儀式や形態を示すものだが、共通しているのは、人が自然環境のなかで自然と一体となって生きていくことを共有することで、よりよく生きていこうとする姿勢

★ONE POINT★

●信仰と宗教

信仰とは（神や仏など）ある神聖なものを、信じたっとぶことであり、その信じる心のことである。宗教とは（神や仏など）何らかのすぐれたもの、神聖なものを信仰すること。またその教えや行ないのこと

古代宗教の神話①

古代エジプト

1-7

●太陽神アメン・ラー

古代エジプト人は、農耕を主としていたこともあって太陽を主神とする、**太陽神ラー**を守護神としていました。太陽のほかにも、大地や天空、墓地などのあらゆる場所に神の存在を信じ、深く信仰していました。

初期の頃は、地域によってその土地その土地の神を崇拝していたのですが、王国ができると太陽神ラーのほかに、**天空の神ホルス**や**冥界の神オシリス**などがよく知られるようになり、紀元前2000年頃にはテーベの都の神**アメン**が、すべての神の基盤となったのです。後にアメンは太陽神ラーと統一されて、**アメン・ラー**と呼ばれるようになります。

●古代エジプト人の宗教観

「きわめて信仰心に篤い」(ギリシアの歴史家ヘロドトス）エジプト人なので、**ファラオ**（王）による支配は、宗教を介して国の統一を図る方法で行なわれたのです。ファラオはホルス神の化身であり、王の死後はオシリス神になって、死後の世界を永遠に生きると考えました。そこで生まれたのが、死後の遺体をミイラにして保存する方法でした。柩（ひつぎ）に納めたミイラや副葬品は、王の墓ピラミッドに埋葬されたのです。

肉体を永遠に保存することで、魂（バー）は昼間は人の顔をした鳥となって自由に飛び回り、夜になると肉体に戻ると考えられていたのです。**ツタンカーメン王**などで有名なマスクは、柩のふたの部分に取り付けられたもので、バーが夜柩に戻るときの目印のためのものだったのです。

また死後の世界への案内を記す『使者の書』も生まれました。

太陽神アメン・ラー

太陽神ラー

アメン神

統一されて **最高神**

太陽神アメン・ラー

ファラオ(王)の守護神

○ファラオはホルス神の化身であり、死後はオシリスとなって死後の世界を永遠に生きると考えられた

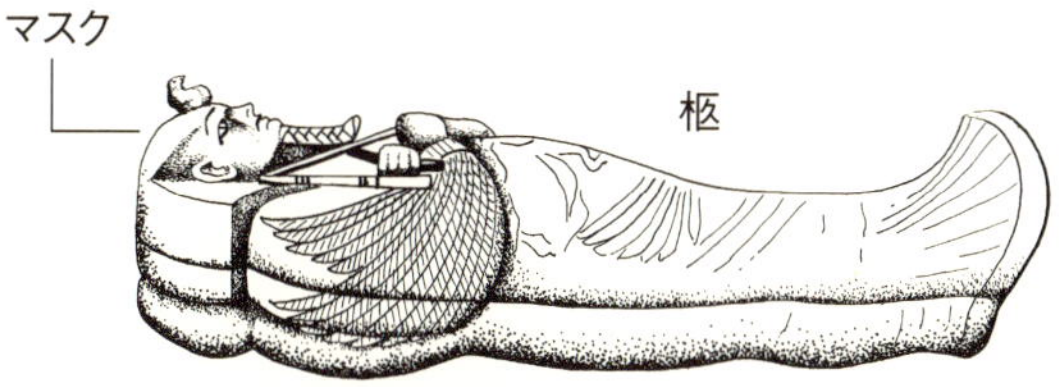

○柩のなかには食物や副葬品とともに、ファラオのミイラが納められた。死後の肉体をミイラとして保存することで死後の世界を永遠に生きると考えたのだ。マスクは、魂(バー)が飛び回って帰るときの目印になる

★ONE POINT★

●ミイラ、ピラミッド、スフィンクス類

ファラオが死ぬと、脳と内臓を取り出し、そのあとにたくさんの香辛料を詰めることで腐敗を防いだ。ピラミッドは王の墓であり、スフィンクス(人面獅子)は王の墓を守るための石像

古代宗教の神話②

古代ギリシア

1-8

●擬人化された12神

ギリシアの宗教は、オリンポスの山に住む**ゼウス**を王とする神々を崇拝することでした。ゼウスを最高神として、その妻の**ヘラ**、息子**アポロン**、娘の**アテナ**、ゼウスの弟**ポセイドン**など家族的な関係で位置づけられた神々が、個性をもって人間に親しまれていたのです。

ギリシア神話では、カオス（混沌）から神と人間は一緒に誕生していたのですが、神と人間との区別を考えたゼウスによって、人間には災いが与えられたといいます。ゼウスは人間の最初の女性**パンドラ**をつくり、人間には労働を与え、短い人生を生きてのち、死の世界へ行くという運命をもたらしたのです。

以来神と人間の間には違いができたのですが、人間の生活と神とは、その後も深く結びついていました。そしてそれがギリシア宗教の特徴ともなっているのです。

●生活に密着する神

たとえば最高の都市といわれたアクロポリスに建設された神殿は、都市と神を結びつけたものでした。家のなかには、どこの家庭でも竈《かまど》の女神**ヘスティア**を奉って、お酒を飲むときには神に献酒をするのが決まりでした。日常生活のあらゆる場所にいる神は、常に感謝をささげられる対象であったのです。神を信じる者には、幸せな死後が約束されていたからです。

死後の幸せが保証されることで、ギリシア人には未来の希望へとつながったのです。この考え方から生まれた**オルフェウス教**は、人間の魂は肉体に縛られるために、死後の保証を確実にするには、この世では苦行を実践するというものでした。

オリンポスの12神

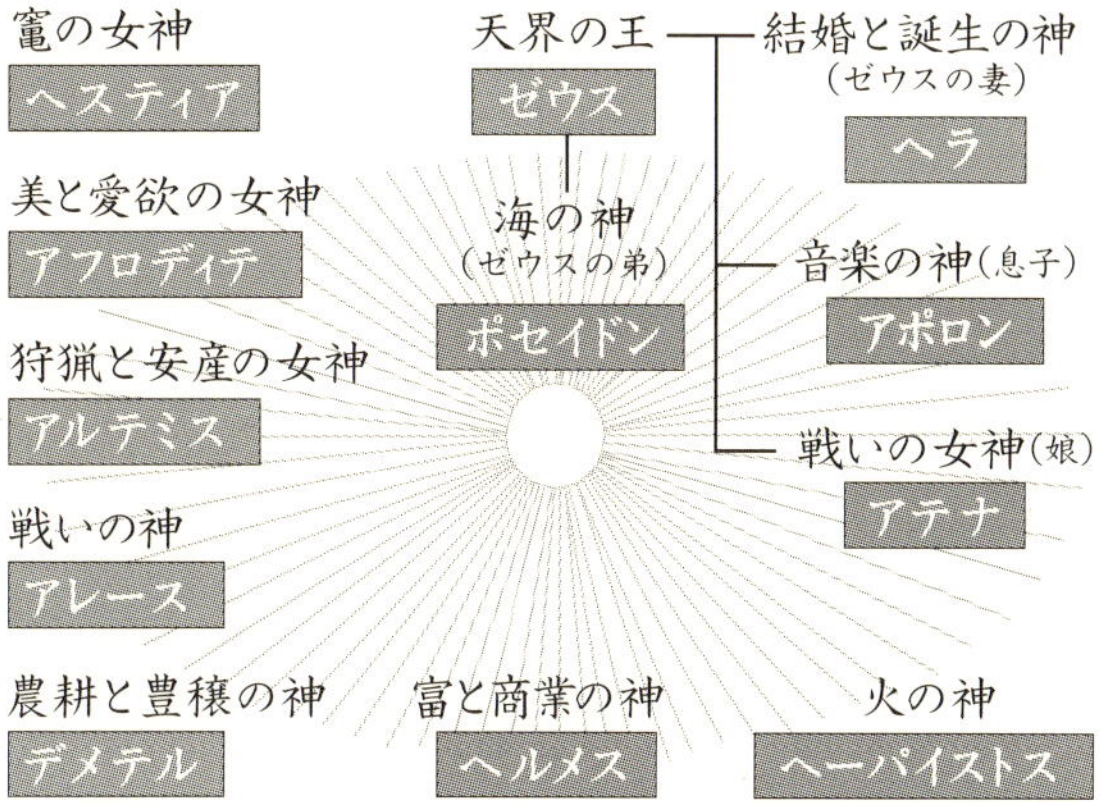

生活に密着するギリシアの神々

○竈の女神…**ヘスティア**

○飲酒の際には、神に献酒をするなど、日常生活のどこにでも神は存在した　**神は感謝をささげる対象**

神を信じる者には、幸せな死後が約束されていた

★ONE POINT★

●パンドラの箱

ゼウスは、人間と神を区別するために、粘土で女性をつくった。パンドラ（あらゆるものを与える、の意味）と名づけられた女は、禁断の箱をゼウスからもたされていた。それは人間の横暴を怒るゼウスのたくらみであった。あるとき、この箱を開けてしまったパンドラはその中から苦悩、災、病が広がっていくのを目にしたのだった。あわててふたを閉めたときに、箱の中には「希望」だけが残っていたというのだ

古代宗教の神話③
マヤ・アステカ

1-9

●独自の宗教文化

巨石文化で栄えた**オルメカ文明**は、紀元前1000年頃メキシコに起こりました。巨石人頭像やピラミッド型の神殿などとともに、文字や天文学などが発達していました。

神殿や宮殿とともにつくられた宗教都市テオティワカンでは、雨の神チャックや**ケツァルコアトル**が崇拝されました。1世紀から6世紀頃です。つづく**アステカ文明**でも、ケツァルコアトルは引き続き文化の神として崇拝されました。

アステカ文明の特徴は、宗教が政治、経済のほか軍事などとあらゆることに結びつけて崇拝されたことです。同時期にユカタン半島（メキシコの西方、メキシコ湾に面している）チチェンイツァを中心に栄えた**マヤ文明**も、神々はアステカと同じものを信仰していました。

●ケツァルコアトル

羽根のある蛇と象徴されたケツァルコアトルは、学問や文化の神として信仰を集めていました。水や農耕の守り神としてもまつられることがあり、宇宙創造に関する神とも考えられていました。

中南米の地で長い間信仰された、ケツァルコアトルはアステカ帝国が滅亡したあとも人々の心をとらえていたのです。

それを物語るのが、皇帝モクテスマⅡ世の頃のこと、海岸に襲来したスペイン人をケツァルコアトルと見間違えてしまったことでとらえられ、その結果栄華をきわめた帝国は一瞬にして滅亡したといわれています。

マヤ・アステカ文明は、宗教と結びついた文字や暦の発達が顕著でした。一年の日数と同じ階段をもったピラミッドなどもみられます。

アステカ・マヤ文明

●中南米の文明

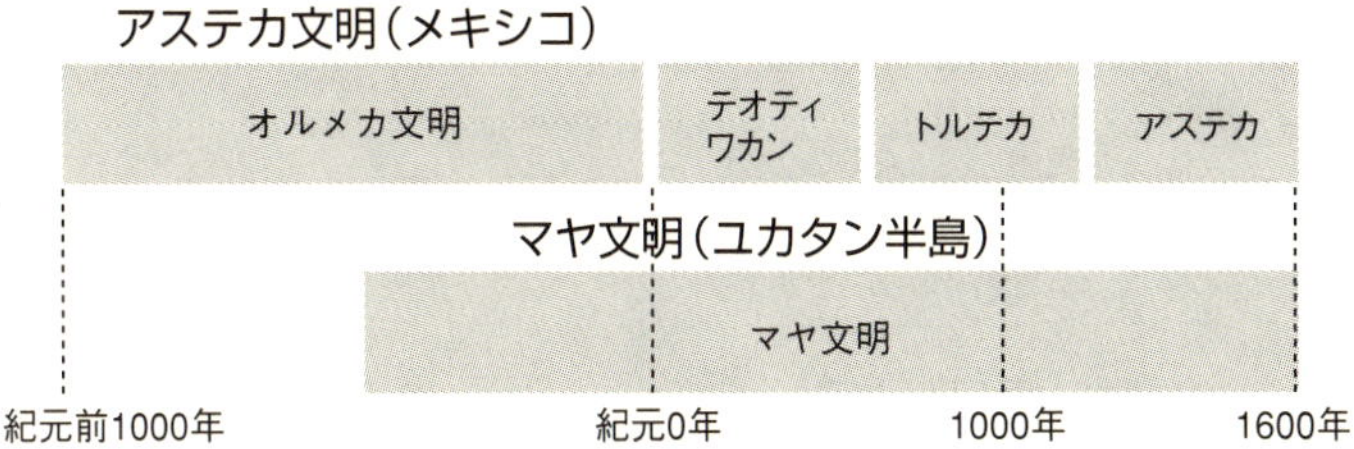

○メキシコシティを中心として栄えたアステカ文明
○ユカタン半島に栄えたマヤ文明

ケツァルコアトル

○羽根のある蛇と象徴されたケツァルコアトルは、学問や文化の神
○水や農耕の守り神としてもまつられた
○宇宙創造に関する神とも考えられていた

多くの神のなかで最も信仰された
▼

アルジェリアのイスラム原理主義運動
イスラム原理主義

エジプトのイスラム原理主義運動
イスラム原理主義

タジキスタン内戦
イスラム教とロシア正教会

ヒンドゥー至上主義運動
ヒンドゥー教とイスラム教

スリランカ紛争
仏教とヒンドゥー教

マルク州宗教対立
イスラム教とキリスト教

米国同時多発テロ
イスラム原理主義

世界の宗教紛争図 1-10

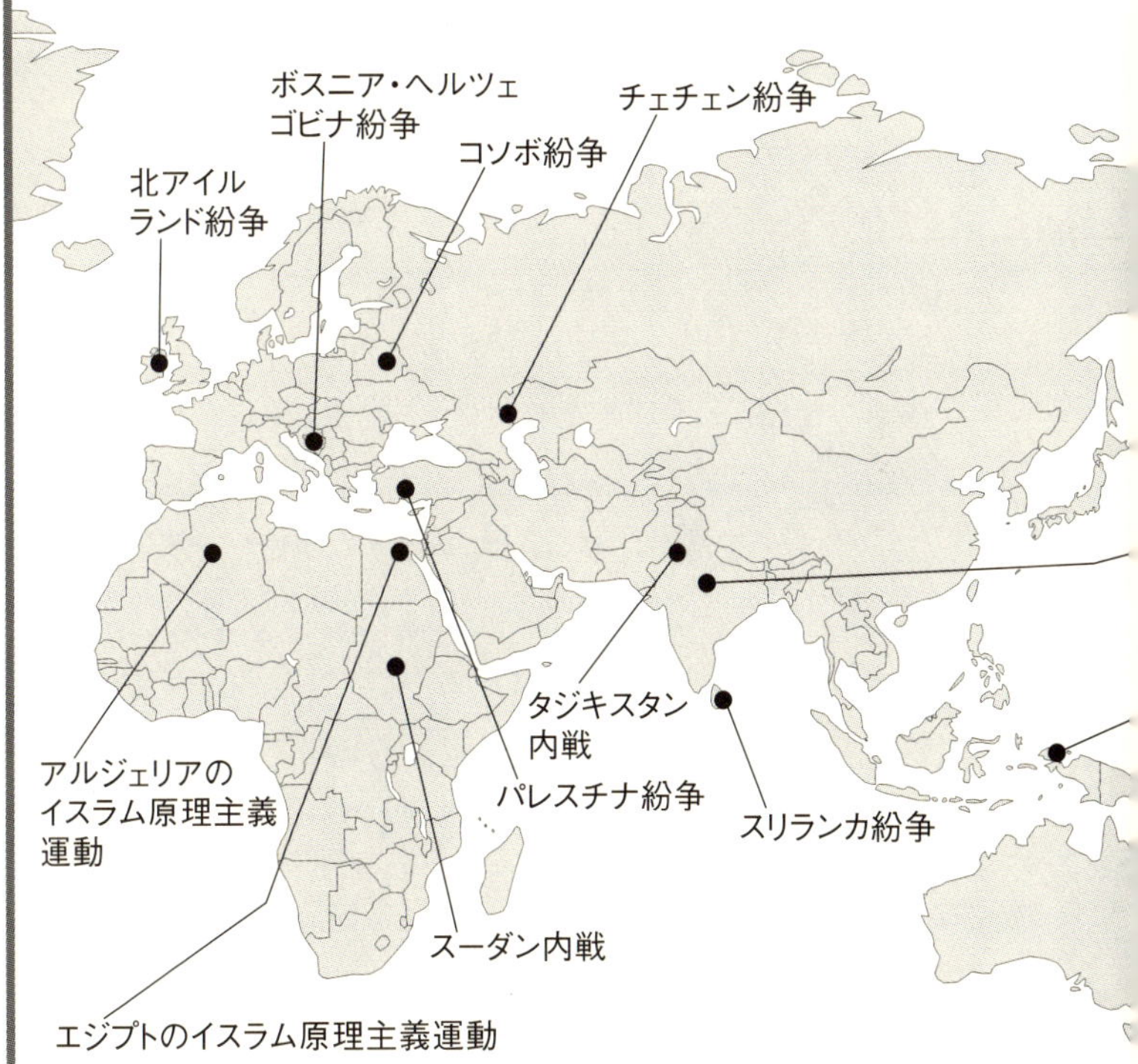

コソボ紛争
セルビア正教とイスラム教

北アイルランド紛争
キリスト教カトリックと
プロテスタント

ボスニア・ヘルツェゴビナ紛争
東方正教会と
キリスト教カトリック

パレスチナ紛争
ユダヤ教とイスラム教

チェチェン紛争
東方正教会・ロシア正教と
イスラム教

スーダン内戦
イスラム教と非イスラム教

Column

宗教こぼればなし

アン・ブーリン

イギリス国教会が生まれた契機となったのが、国王ヘンリー8世の離婚問題にあったことは本文（66ページ）でふれていますが、ここではその離婚騒動に焦点を合わせてみてみることにしましょう。

ヘンリー8世は、その当時の妃キャサリン（ヘンリー8世は、生涯に6人の妃をもった）と離婚をしたいとカトリックのローマ教皇に許可を願いでますが、拒絶されてしまいます。離婚の理由は、キャサリン王妃に仕えていた侍女アン・ブーリンとの再婚でした。アン・ブーリンは、キャサリン王妃の侍女になる以前はフランス王妃の侍女をしていたのです。フランス仕込みの立ち居振舞で、国王を誘惑したともっぱらの評判でした。

国王は熱心なカトリック教徒でしたが、アン・ブーリンとの結婚のために教皇とカトリックと仲違いをし、再婚を果たします。二人はしばらく仲良く暮らし、女児をもうけます。しかし10年も経たないうちに、ヘンリー8世はまたほかの女性（ジェーン・シーモア）に心を移し、アン・ブーリンは不義密通という理由で処刑されてしまうのです。宗教を敵に回してまでの二人の愛はこうして悲劇的な結末を迎えます。二人の間の娘は、のちに女王エリザベスⅠ世となるのです。

第2章

キリスト教

2-1 キリスト教のおこり

●イエスの誕生

イエスは紀元前4年頃に、大工ヨセフとマリアの子としてベツレヘムに生まれます。当時十代半ばのマリアは、ヨセフとは婚約中の身で、聖霊によって神の子を**処女懐胎**したことを、神の遣いによるお告げにより知らされるのです。マリアが驚いたのはもちろんでしたが、ヨセフはそれ以上に驚き、マリアが不倫をしたのではないかと疑うほどでした。この頃、女性が不倫をすれば石打ちの刑という重い罪に問われたので、ヨセフはマリアのために神の子の誕生を、マリアの夫として受け入れることにしたといわれます。

ベツレヘムは、ヨセフの故郷です。故郷の馬小屋で生まれたイエスは、旧約聖書を学びながら大工となり、父とともに家計を助けていました。30歳になるとイエスは親元を離れ、ヨルダン川に向かいました。そこで出会った人物に洗礼を受けたイエスは、神の声を聞き自分が神の子であることを自覚するのです。

●イエスの復活

自ら神の子であることを自覚したイエスは各地を伝道して歩き、さまざまな奇跡で人々を救うのですが、もとはユダヤ教徒イエスがユダヤ教以外の人々を救済することから罪に問われ、**磔刑**《たっけい》に処せられてしまいます。

イエスの処刑日から3日ののち、弟子の一人がイエスの墓に遺体がないことを知ります。イエスは**復活**し、弟子たちのところにあらわれたといいます。地上で40日間を過ごしたイエスは昇天し、このときから神として信じられるようになり、弟子たちによる布教活動が始まった、と聖書は伝えています。

イエスの誕生

大工 ヨセフ
マリア

神の子
イエス誕生
（ベツレヘム）

処女懐胎
神の遣い
による告知

社会背景

- ○ヨセフとマリアは敬虔なユダヤ教徒
- ○イスラエルはローマ帝国の圧制に苦しみ、人々はメシア（救世主）の出現を待ち望んでいた

イエス、洗礼を受ける………30歳の頃
（神の声を聞き神の子であることを知る）

各地を伝道して歩く
（数々の奇跡を起こす）

奇跡

- ○目の不自由な人が見えるようになる
- ○病気を治す
- ○瓶に入った水が、ぶどう酒に変わる etc

しかし

ユダヤ教の教義と反する
という理由から処刑

イエスの
復活

13日の
金曜日……………磔刑に処される………35歳の頃

3日後復活する

- ○人間の罪を贖《しょく》罪する犠牲的行為として、贖罪信仰が教義となる

弟子の
パウロなど…………40日間弟子とともに
過ごし昇天

★ONE POINT★

●イエス・キリスト

イエス・キリストはキリスト教の始祖。イエス・キリストとは名前ではなくイエスは救いのことで、キリストはメシア（ヘブライ語）をギリシア語に訳したもので救世主を意味する

キリスト教の布教

2-2

●イエスの説いたこと

　イエスが自らが神の子であることを知り、各地を伝道して歩き処刑されるまでの歳月は、わずか3～4年でしかありません。その間イエスは精力的に、恵み深い父（神）の愛を説いて回ったのです。イエス自身、身ひとつで布教の旅を続け、富や財を追い求めることを罪としました。もとはユダヤ教の敬虔な信者であった、両親に育てられたイエスもユダヤ教徒でした。しかしユダヤ教では、戒律が厳しくその厳しい戒律を守って救われるのは、ユダヤ人だけなのです。イエスは、これに異を唱えたのです。

　ユダヤ教の律法が、人間性を損なうものであると批判し、日常的な生活のなかに愛を位置づけることこそが、最も大切なことであると教えたのです。この愛は**エロス**（肉体的な愛）ではなく、**ストルゲー**（従うことの愛）でもなく、**アガペー**（無条件の愛）のことです。神を愛し、隣人を愛する心、この心をもつことで人は救われると説きました。

●イエスの復活の意味

　わずか数年間の布教で、イエスの教えが広く普及したわけではありません。イエスが、ユダヤ教の司祭らの策略によって処刑されるとき、弟子たちは巻き添えにならないように身を隠すほどに、信仰には確信をもってはいなかったのです。しかしイエスの復活した姿を目の当たりにした弟子たちは、イエスこそ自分を犠牲にして人々を救う真の**救世主**（メシア）であると信じるようになるのでした。

　これによって神の子、イエスを主として弟子たちによる**キリスト教信仰**が始まるのです。

イエスの説いたこと

父（ヨセフ）
母（マリア）
→ ともに敬虔なユダヤ教徒

↓ イエス―ユダヤ教徒

ユダヤ教……戒律が厳しく、ユダヤ人のみの救済

これに反発

ユダヤ教の律法は、人間性を損なうものであると批判

↓

愛の重要性を説く

無条件の愛（アガペー）……神を愛する心、隣人を愛する心
すべての人が救われる

イエスの復活の意味

イエスは12人の弟子とともに布教をしていた

↓

しかし12人の使徒は、
イエスのことばに確信をもっていなかった
（イエスの処刑のときには身を隠し、
イエスを助けることをしなかった）

↓

イエスが処刑される → **復活**

キリスト教の誕生 ← イエスこそ神の子、
救世主（メシア）である
と信じるようになる

2-3 イエスとその弟子たち

●イエスと12使徒

布教活動を続けるイエスは、弟子を同行させていました。弟子の選定には、家柄とか職業にはこだわらなかったので、漁師や徴税人などいろいろでした。12使徒とは、**ペテロ**、**ヤコブ**、**ヨハネ**、**マタイ**、**アンデレ**、**フィリポ**、**トマス**、**バルトロマイ**、**小ヤコブ**、**タダイ**、**シモン**、**ユダ**のことで、福音書によって多少の違いが認められますが、イエスの最初の弟子のペトロは、どの文献でも必ず名前が挙がります。

ペトロは、イエスの死後リーダーとなり、初期のキリスト教を支えます。のちに**初代ローマ教皇**に就任するのです。

●キリスト教の基礎をつくったパウロ

ペテロは、キリスト教を名乗ってはいても実質的には、ユダヤの律法を残してユダヤ教の一派として布教を行なっていました。

イエスの死後、熱心なユダヤ教徒パウロは、復活したイエスに出会ったことでキリスト教に改宗し、ユダヤ教の律法主義から完全に離脱した、万人に開かれた宗教としてキリスト教を位置づけることに尽力しました。主キリストを信じる者は、誰でも救われるというキリスト教教義の基礎をつくり、布教に努めたのです。

主イエスを信仰することで救われる、と各地を伝道するパウロの主張は、人々を動かし、とくにギリシア人に多くの賛同者を得ます。それによってユダヤ教とは完全に分裂することになり、世界宗教への第一歩を踏み出してゆくことになるのでした。

パウロは、イエスを独自の解釈で位置づけ、キリスト教の基礎を確立したのです。

12使徒

ペテロ（ペトロ）
もと漁師、本名をシモンという。ペテロはイエスがつけた岩という意味のあだ名。イエスの第一の弟子でイエスの死後、初期教会を支え、初代ローマ教皇となる

ヤコブ
もう一人のヤコブと区別をするために、「大ヤコブ」とも呼ばれる。ヨハネとは兄弟。イエスから雷の子とあだ名されるほど短気だった。最初の殉教者となる

ヨハネ
もとは漁師でヤコブの弟。イエスから信頼され、母マリアの世話を頼まれる。『ヨハネ福音書』を執筆し、『黙示録』の執筆者ともいわれる

マタイ
もと徴税人から使徒となる。徴税人とは税を取り立てる仕事をする人で、ユダヤ教では蔑まれていた

アンデレ
もと漁師で、ペテロの弟。洗礼者ヨハネからイエスの話を聞き弟子となる。ギリシアで殉教したとされる

フィリポ
古くからのイエスの弟子。アジア方面で布教を行ない殉教

トマス
イエスの復活を信じることができず、イエスに叱責されたという弟子

バルトロマイ
フィリポの紹介でイエスの弟子となる。アルメニアで皮はぎの刑により殉教

小ヤコブ
イエスの兄弟だという一説もある。原始教団の創設者となる

タダイ
ヤコブの子のユダとも呼ばれるが、詳細不明

シモン
ユダヤ教の一集団の出身者。詳細不明

ユダ
イエスの会計係をしていたが、金貨30枚でイエスを裏切り後に自殺

★ONE POINT★

●パウロ
パウロは、生前のイエスとは面識がない。復活したイエスに会ったことで、熱心なユダヤ教徒から改宗してキリスト教徒となる。キリスト教教義の基礎を確立させた

2-4

ローマ帝国の迫害と公認

●ローマ帝国の迫害

イエスの弟子たちの熱心な布教により、キリスト教は、地中海沿岸から、エジプト、アフリカにまで広く及んでいきました。しかし多神教の**ローマ帝国**では、一神教のキリスト教が国家転覆の意図をもつとの理由から、激しい迫害を繰り返したのです。これによって、イエスの弟子や社会的に弱い立場の信者たちの多くが、殉教者となったのでした。

ローマ帝国の皇帝による迫害は、1世紀頃の暴君として有名な**ネロ**から、4世紀初めまで、250年以上の長い間にわたり、処刑あるいはライオンと戦わせるなどの残虐な方法で、迫害を続けたのです。初期の頃に布教に努めたペトロやパウロも、暴君ネロによって処刑されています。

●ローマ国教となるキリスト教

ローマ帝国の迫害を受けつつも、キリスト教は信者数をふやし、**コンスタンティノープル**、**アンティオキア**、そして**ローマ**を含む5つの都市に教会を設立するまでに至りました。

こうなると、多数の民衆が支持するキリスト教を、迫害するより利用したほうが得策と考えた時の**皇帝コンスタンティヌス**は、**ミラノ勅令**を公布し、キリスト教を含むあらゆる信教の自由を認めることにしたのです。

キリスト教が拡大する一方で、初期のイエスの教義に対する見解が異なる現象がおこりはじめたのもこの頃で、ローマ帝国では宗教会議を開き教義の統一を図り、教義が確立されると、**テオドシウス帝**によって**ローマ国教**に定められました。

これによってキリスト教は、世界へ大きく発展する契機を得たことになります。

ローマ帝国の迫害

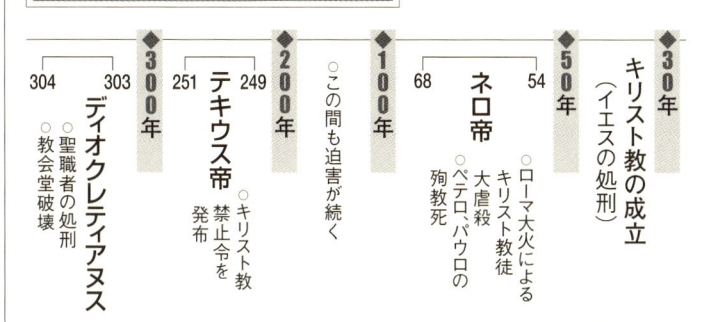

◆30年
キリスト教の成立
（イエスの処刑）

◆50年
54–68 **ネロ帝**
○ローマ大火によるキリスト教徒大虐殺
○ペテロ、パウロの殉教死

◆100年
○この間も迫害が続く

◆200年
249–251 **テキウス帝**
○キリスト教禁止令を発布

◆300年
303–304 **ディオクレティアヌス**
○聖職者の処刑
○教会堂破壊

イエスが処刑されたあと、313年にコンスタンティヌス帝がミラノ勅令を公布するまでの約250年間、ローマ帝国によるキリスト教迫害は続いた

キリスト教ローマ国教化までの流れ

◆313年
ミラノ勅令
（キリスト教公認）

◆325年
ニケーア公会議
（教義の見解を統一）

◆381年
コンスタンティノープル公会議
（教義の見解を統一）

◆392年
キリスト教のローマ国教化
（ローマ国教化）

5つの都市に教会設立

○ローマ
○コンスタンティノープル
○アンティオキア
○エルサレム
○アレキサンドリア

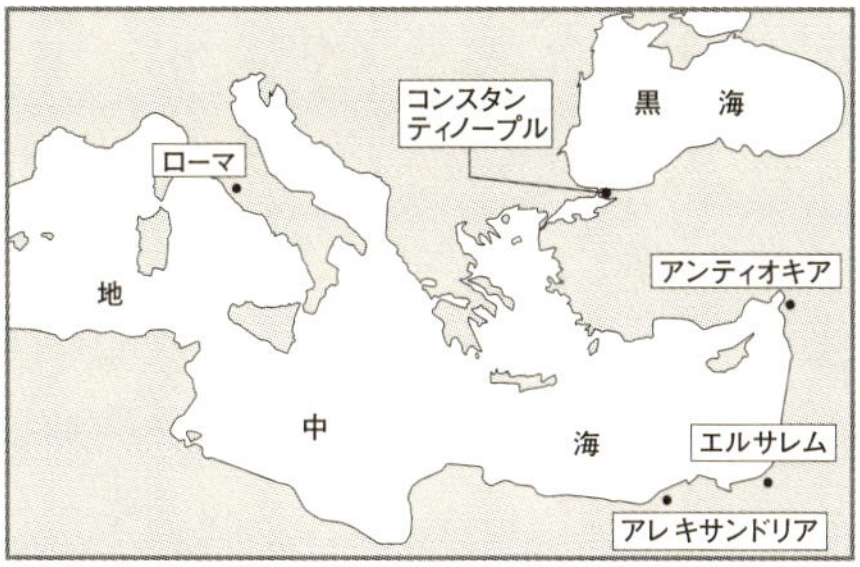

2-5

キリスト教の教義①

三位一体

●三位一体とは

キリスト教ではよく「父と子と聖霊の名において……」といいます。これは一神教であるはずのキリスト教教義からは、どのように考えたらよいのでしょうか。

キリスト教の**神は、父なる神**です。聖霊とは、神の愛を伝える存在として神と同一とみなされ、鳩によって象徴される存在です。そして**神の子**がイエスをあらわします。この三つが一体となって、同時に互いに混同することなく存在するものを、大きくとらえて神と考えるのです。

キリスト教の宗派は数多くあり、教義のとらえ方はさまざまあるようですが、**三位一体**の考え方をとるものが主流となっています。

●三位一体はいつ生まれたのか

実は三位一体については、聖書には記載されてはいないのです。イエスの復活後、ユダヤ教からキリスト教に改宗したパウロの、イエスを信仰すれば人類は誰でも救われると説いた**贖罪論**から、三位一体は生まれたものなのです。

処刑されたイエスの死は、人間の罪を贖うことと解され、神によって遣わされた救世主がイエスであると考えたのです。

キリスト教の歴史では、2世紀半ば頃から、神とは何をもってするかという論争が、何度も繰り返されてきました。

ローマ帝国がキリスト教を公認したのち、325年に開かれた**ニケーア公会議**、381年の**コンスタンティノープル公会議**などを経て、三位一体説は教義として確立されて、ローマ帝国の国教となりました（前ページ参照）。以来、三位一体説はキリスト教を支える、根本的な教義となったのです。

三位一体とは

キリスト教での神とは、父なる神、神の子（イエス）、神から遣わされた、愛を伝える存在（聖霊）の、3者が一体となって存在するものを神と考える

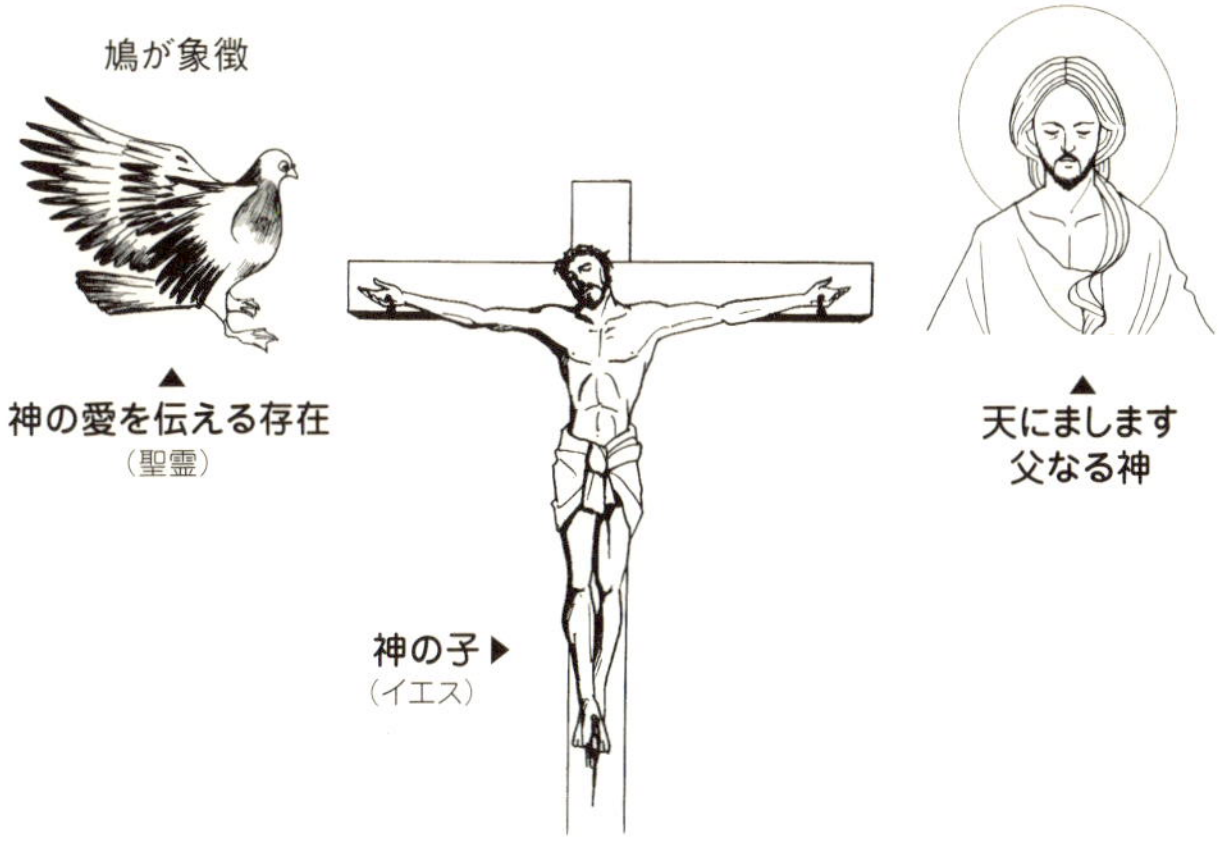

イエスの処刑

イエスが罪もない理由で十字架にかけられ、処刑されたことによって、人間は原罪から救われたと考えた。キリストの処刑とはすべての人間の原罪を一人背負い購い、贖罪する行為であったのだ

★ONE POINT★

●聖書にあらわされた聖霊

○マリアは聖霊により、神の子イエスを懐胎する…受胎告知　○イエスが30歳のとき、ヨルダン川で出会った人物（ヨハネ）によって洗礼を受けるのだが、その際聖霊により自分が神の子であることを知る
○イエスの死後に弟子たちが集まると、聖霊が神のことばを語った

2-6

キリスト教の教義②　原罪

●原罪とは

キリスト教の基本思想に、**原罪**があります。原罪とは、旧約聖書にある**アダム**と**イヴ**が犯した罪のことです。アダムとイヴは、神が最初につくった人間です。二人は、**エデンの園**で幸せに暮らしていましたが、あるとき蛇（悪魔の化身）がやってきて、神から禁じられていた知恵の木の実を食べるようにそそのかします。知恵の木の実を食べると、善と悪が判断できるようになり、神と同じになれるというのです。

誘惑に負けて実を食べてしまった二人は、神の怒りにふれ、エデンの園から追放されてしまいます。アダムとイヴの犯した罪とは、神に近づこうとした神への裏切り行為だったのです。アダムとイヴの子孫であるすべての人間は、こうして生まれながらにして、原罪を背負うことになったというわけです。

そしてこの原罪をすべて一人で背負い、十字架にかかったのがイエスなのです。

●イエスの教え

キリスト教は、愛の宗教といわれます。それは、イエスが教える神への絶対的な信仰と見返りを求めることのない無償の愛によるものです。イエスの教えが最もよくあらわれているのがガリラヤ湖に面した地でイエスが行なった、**山上の垂訓**と呼ばれる説教です。

マタイによる福音書の5章に記されている説教は、「心の貧しい人々は、幸いである。天の国はその人たちのものである。悲しむ人々は、幸いである……」と始まります。**八福の教え**とも呼ばれるこの教えでは、現世での苦しみ多い人ほど神の国では幸せであると説いています。

原罪とは

原罪　旧約聖書にある、アダムとイヴが犯した罪のことキリスト教の基本思想

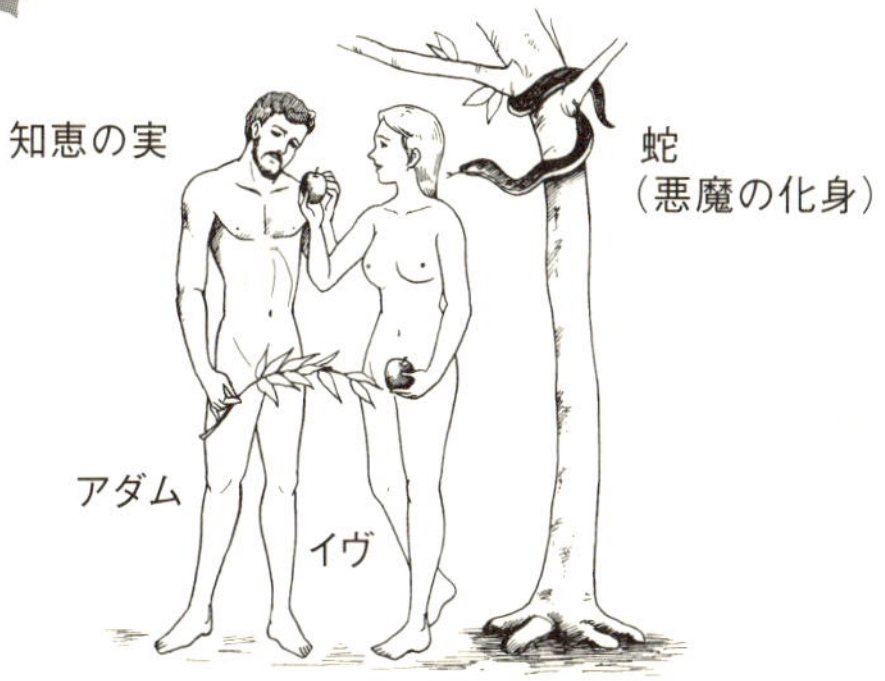

アダムとイヴは、神が最初につくった人間→蛇にそそのかされ→神から禁じられていた知恵の木の実を食べてしまう→神の怒りにふれる

→ **神に近づこうとした神への裏切り行為**

イエスの教え

キリスト教 ▶ 愛の宗教といわれる ▶ 神への絶対的な信仰と無償の愛

＜八福の教え＞

心の貧しい人々は、幸いである、
　天の国はその人たちのものである。
悲しむ人々は、幸いである、
　その人たちは慰められる。
柔和な人々は、幸いである、
　その人たちは地を受け継ぐ。
義に飢え渇く人々は、幸いである、
　その人たちは満たされる。
憐れみの深い人々は、幸いである、
　その人たちは憐みを受ける。
心の清い人々は、幸いである、
　その人たちは神を見る。
平和を実現する人々は、幸いである、
　その人たちは神の子と呼ばれる。
義のために迫害される人々は、幸いである、
　天の国はその人たちのものである。

マタイによる福音書5章

キリスト教の教典①『旧約聖書』

2-7

●世界最大のベストセラー、聖書

キリスト教の教典は**聖書**です。聖書は世界最長にして最大のベストセラーでもあります。聖書とは、神と信者との間で交わされる契約の書という意味をあらわし、キリスト教では**『旧約聖書』**と**『新約聖書』**を合わせて聖書としています。

『旧約聖書』は、もとはユダヤ教の聖典『ヘブライ語聖書』をキリスト教に取り入れた物で「旧約」と呼ばれるようになったのです。『旧約聖書』は、キリスト教からみた古い契約の書という意味をあらわします。

●『旧約聖書』の特徴

原典がヘブライ語で書かれていた『旧約聖書』は、紀元前10世紀から2世紀の間に、天地創造以来のユダヤ人の歴史としてまとめられたものです。

一説によると、紀元前586年に新バビロニア王国によって、ユダヤ人がバビロンに強制的に移住させられたために、民族の危機を感じて結束を高めることを目的として、編纂に取り組んだともいわれています。

原典は24巻でしたが、のちにヘブライ語からギリシア語に翻訳される際、構成も変更され全39巻となりました。

全体は大きく4つに分けられ、律法（モーセ五書）、歴史、諸書、預言などとなっています。律法はモーセ五書という別名もあり、天地創造から始まる話、アダムとイヴの誕生と追放、モーセの十戒などよく知られたエピソードがドラマティックに記されています。

『旧約聖書』では、この律法部分が重要とされ、600以上ともいわれる戒律が定められているところが特徴となっています。

聖　書

キリスト教の教典

『旧約聖書』
『新約聖書』
} 合わせて「聖書」という

聖書は世界最大のベストセラーであり、ロングセラーでもある

『旧約聖書』の特徴

原典はヘブライ語（24巻） → 天地創造以来のユダヤ人の歴史としてまとめられたもの

→ ギリシア語に翻訳される際に39巻に再構成された

『旧約聖書』はキリスト教とユダヤ教の教典 全39巻

律法書

創世記
出エジプト記
レビ記
民数記
申命《しんめい》記

歴史書

ヨシュア記
士師《しし》記
サムエル記上
サムエル記下
列王記上
列王記下

諸書

ヨブ記
詩篇
箴言《しんげん》
ルツ記
雅歌《がか》
コヘレトの言葉
哀歌
エステル記
ダニエル書
エズラ記
ネヘミヤ書
歴代誌上
歴代誌下

預言書

イザヤ書
エレミヤ書
エゼキエル書
ホセア書
ヨエル書
アモス書
オバデヤ書
ヨナ書
ミカ書
ナホム書
ハバクク書
ゼパニヤ書
ハガイ書
ゼカリヤ書
マラキ書

キリスト教の教典②

『新約聖書』

2-8

●イエスの教えを説く『新約聖書』

イエスの死後、生前のイエスのことばを弟子たちがまとめたものが『新約聖書』です。キリスト教徒にとっての聖書といえば「新約」を指します。イエスが自ら処刑されることで、人間の原罪を贖罪し、神と人間の間に新しい契約が結ばれた書という意味の『新約聖書』です。

最初に書かれた**「パウロの書簡」**は、紀元後50年頃、イエスの死後20年ほど経った時期で、次に**「マルコによる福音書」**、**「マタイによる福音書」**、**「ルカによる福音書」**の順に完成されています。

●『新約聖書』の特徴

『新約聖書』は27の文書で成り立っていて、すべてギリシア語で書かれています。内容は**「福音書」**、**「使徒言行録」**、**「書簡」**、そして**「黙示録」**から構成されています。

なかでも「福音書」が『新約聖書』のなかで、イエスの教えを伝える最も中心的部分です。（次ページ参照）

「使徒言行録」では、生前のイエスとともに行動した、使徒たちの活躍ぶりと初期キリスト教の様子が描かれています。

「書簡」には、パウロをはじめとした、ヤコブ、ペトロ、ヨハネなどの使徒の手紙を公開するかたちで、イエスの死と復活について記されたものをまとめています。当初は公開する予定ではなかったようですが、信仰上重要な内容が記されているという理由から作成されたという経緯があります。

「黙示録」では、世界の終末について予測される出来事を、著者であるヨハネが預言的に語るというものです。

イエスの教え

キリスト教徒にとっての聖書 ➡『新約聖書』

神と人間との間に新しい契約が結ばれた書の意味

『新約聖書』の特徴

全27巻

パウロの書簡

- ローマの使徒への手紙
- コリントの使徒への手紙1
- コリントの使徒への手紙2
- ガラテヤの使徒への手紙
- エフェソスの使徒への手紙
- フィリピの使徒への手紙
- コロサイの使徒への手紙
- テサロニケの使徒への手紙1
- テサロニケの使徒への手紙2
- テモテへの手紙1
- テモテへの手紙2
- テトスへの手紙
- フィレモンへの手紙

福音書

- マタイ伝福音書
- マルコ伝福音書
- ルカ伝福音書
- ヨハネ伝福音書

合同書簡

- ヘブライ人への手紙
- ヤコブの手紙
- ペトロの手紙1
- ペトロの手紙2
- ヨハネの手紙1
- ヨハネの手紙2
- ヨハネの手紙3
- ユダの手紙

使徒言行録

ヨハネの黙示録

キリスト教の教典③

福音書

2-9

●『新約聖書』の中心部分

福音書の福音とは、よい知らせという意味で、もとのラテン語エウ（よい）アンゲリオン（知らせ）からきています。ではよい知らせとは、具体的に何をあらわすのかというと、イエスが処刑ののち復活したそのことをいっています。

ゴルゴダの丘で十字架の刑に処されたイエスが復活を遂げたとき、神は人間の原罪を赦され、イエスを人々が待ち望んだ**メシア（救世主）**として認められたのだと印象づけることが必要だったのです。

なぜなら『旧約聖書』では、メシアはあらわれていないとしているので、「旧約」との違いをはっきりさせる点から、メシアがあらわれたことを福音として強調したのでした。

●福音書の特徴

福音書の内容は、イエスの生涯、イエスのことば、イエスが行なった奇跡などについて記されています。4巻からなり「マルコ伝福音書」、「マタイ伝福音書」、「ルカ伝福音書」、「ヨハネ伝福音書」と名づけられています。

「マルコ伝福音書」は、イエスの一番弟子といわれたペテロから聞いた話を、マルコがまとめたもので、福音書のなかで最も古いものです。「マタイ伝福音書」は、イエスの弟子で、もと徴税人であったマタイによってまとめられたもので、八福の教えで知られる山上の垂訓が収められているものです。

「ルカ伝福音書」では、イエスの幼少時代が記され「ヨハネ伝福音書」では、イエスを神の子とする一方で、実在したことを強く訴える内容となっているのです。

福音書

福音とは、よい知らせを意味するラテン語

ラテン語	エウ	アンゲリオン
	よい	知らせ

ゴルゴダの丘で十字架の刑に処されたイエスが復活を遂げたとき、神は人間の原罪を赦され、イエスをメシアと認めた

『新約聖書』のなかで、福音書は中心的部分

→『旧約聖書』との違いを明確にさせるために、福音を強調

『福音書』の特徴

福音書には、イエスの生涯、イエスのことば、イエスが行なった奇跡などについて記されている

マルコ伝福音書

・イエスの一番弟子ペテロの話を、マルコがまとめた
・福音書のなかで最も古いもの

ルカ伝福音書

・イエスの生涯、幼少時代について記されている
・イエスの弟子のパウロの友人である、ルカによってあらわされた

マタイ伝福音書

・イエスの弟子で、もと徴税人であったマタイによってまとめられたもの
・八福の教えで知られる山上の垂訓が収められている

ヨハネ伝福音書

・イエスの弟子でヨハネによってまとめられた
・ヨハネはイエスが一番愛したといわれる
・イエスの教えをよく理解していたという内容になっている

2-10

キリスト教の終末思想

●黙示録から読む終末

宗教の果たすひとつの役割りに、この世の終わりに対する回答というものがあります。キリスト教の終末思想については、『ヨハネの黙示録』にその記載があります。黙示録とは隠されているものを明らかにするという意味で、ヨハネが見た幻影を書き記したという内容の書です。

「黙示録」の内容は、暗喩に満ちていてどのように解釈したらよいのかについては、さまざまな考え方があるのですが、一説では天変地異あるいは人と人との争いの果てにハルマゲドンの地で、神とサタンが最後の戦いを繰り広げます。

神が勝利すると、最後の審判を行なうためにイエスは再臨し、全人類を天国と地獄に振り分けるのです。神による最後の審判では、キリスト教を信じる者は天国に行くことができるのですが、そうでない者は火の池（地獄）に投げ込まれると記されています。

●イエスの説いたこと

ハルマゲドンとは地名のことですが、そのことばを最終戦争という意味と解釈して、人々の不安をあおるような宗教もあるようですが、イエスが伝えようとしたことは、この世の終末はあるが神の国への途中であるということです。

終末はいつ訪れるのかはわからないけれど、そのときがくるまでよく生きていくことが大切なことであると、イエスは説いているのです。

ヨハネが黙示録を書いた時代とは、キリスト教徒がローマ帝国によって迫害されていた時期でした。ヨハネは迫害されるキリスト教徒を励まし力づけるために、黙示録を書いたともいわれています。

『ヨハネの黙示録』

キリスト教の終末観…宗教の果たす役割りのひとつ
『ヨハネの黙示録』に記載されている

『ヨハネの黙示録』とは、イエスの信頼を最もうけたとされるヨハネによって執筆された。ローマ帝国によって迫害されていたキリスト教徒を慰め、激励するために書かれたというのが一般的

キリスト教の死生観

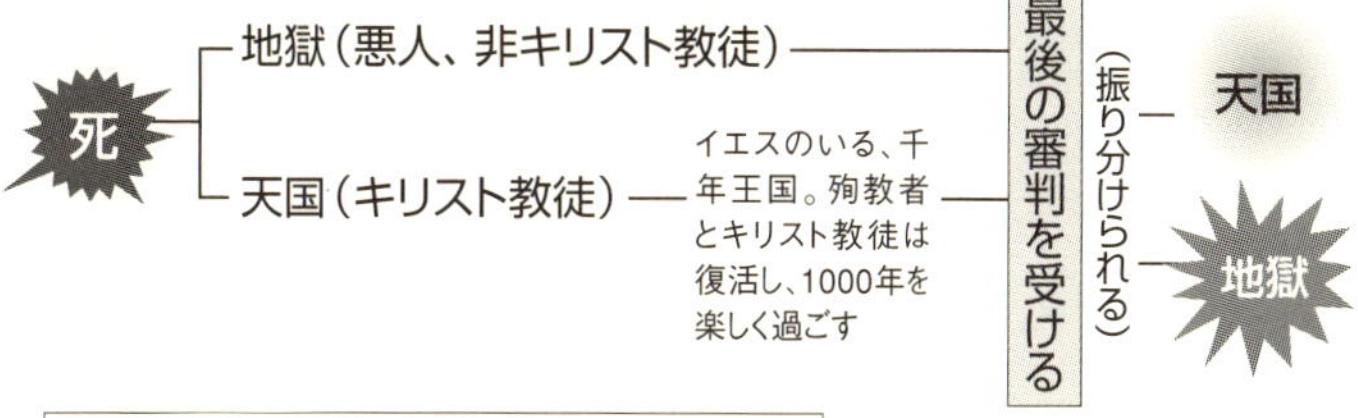

イエスが説いたこと

○この世の終末とは、神の国へ至るための途中のこと
○終末がいつ訪れるかはわからないが、そのときがくるまでよく生きることが大切→よく生きるとは、キリスト教を信じること

★ONE POINT★

●千年王国
キリスト再来の日に、サタンは獄につながれ、一千年間キリストが平和の王国（千年王国）を治め、その後にサタンとの戦いを経てキリスト教徒であった人々が復活するというもの。千年楽しく暮らす所

キリスト教の東西分裂

2-11

●ローマ帝国の分裂

長年にわたってキリスト教の迫害を続けていたローマ帝国が、キリスト教を公認したのは、広大なローマ帝国を統一するための政治目的のひとつであったとされますが、結局395年に**テオドシウス帝**のときにローマ帝国は、西と東に分裂してしまいます。

ローマ帝国の東西分裂にともない、それぞれの首都にあったローマ教会とコンスタンティノープル教会は互いに主導権を主張し合うことで、対立するようになります。

しかし476年になると、西ローマ帝国は滅亡してしまいますが、ローマを活動の拠点とする西方キリスト教会は、かえって結束を固めることで勢力を拡大、ローマ司教を**教皇**と呼び権威を高め、世界へと広がる素地を築くのです。

ローマ教会はギリシア語で普遍的の意味をあらわすカトリックを名乗り、コンスタンティノープルに対抗し、カトリックの正統性を強く主張したのでした。

●東西分裂するキリスト教

当時キリスト教世界最大の都市といわれたコンスタンティノープルでは、**聖ソフィア大聖堂**が建てられるなどして領土を広げ信者をふやすのですが、726年に東ローマ帝国の**レオン3世**が**聖像崇拝禁止令**を発布することで、それまでも教義の違いによる対立があったローマ教会との関係は一層深刻なものとなります。

800年、ローマ教皇がゲルマン民族フランク王国、カール大帝の戴冠を行なうことで東西教会間は互いに破門を宣告し、１０５４年には東西教会は完全に分裂に至るのでした。

キリスト教の東西分裂

◆395年 ローマ帝国分裂
（ローマ教会の権勢が強化される）

◆726年 東ローマ帝国レオン3世
○聖像禁止令発布
（東西教会の対立激化）

◆756年 ローマ教皇領始まる

◆800年 ローマ教皇によるフランク王国カール大帝の戴冠

◆867年 東西教会が互いに破門

◆962年 神聖ローマ帝国成立

◆1054年 東西教会が完全に分裂する
東（東方正教会）
西（ローマ・カトリック教会）

ローマ帝国の分裂

- 東ローマ帝国……コンスタンティノープル拠点— **東方正教会**
- 西ローマ帝国▶フランク王国▶神聖ローマ帝国……ローマ拠点— **ローマ・カトリック教会**

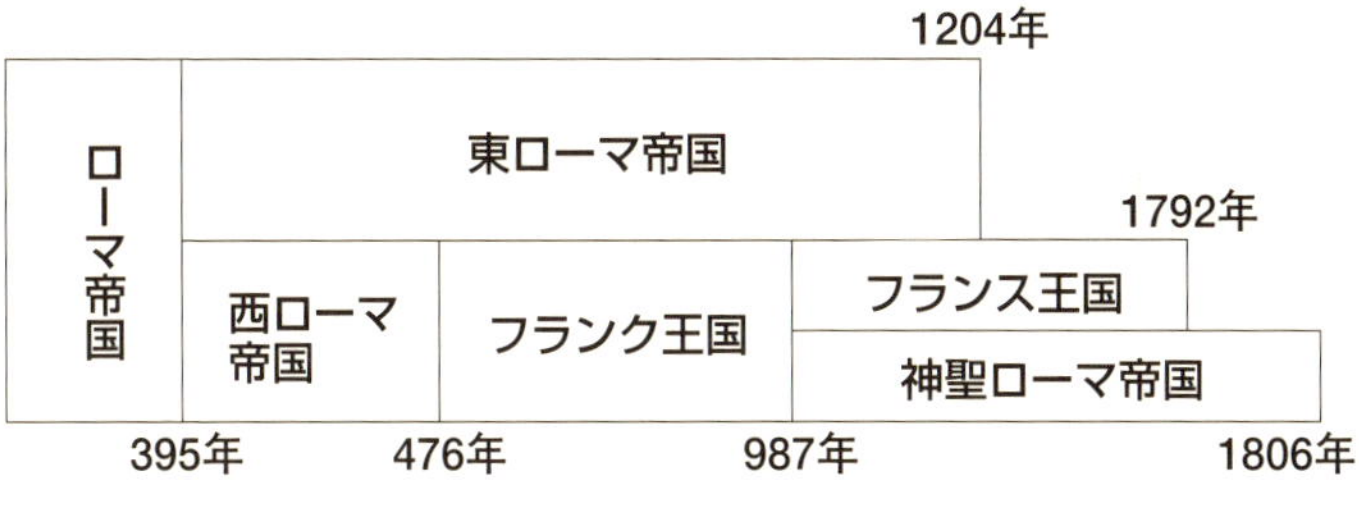

★ONE POINT★

聖像崇拝禁止令

726年に東ローマ帝国皇帝レオン3世が聖像崇拝禁止令（イコノクラスム）を発布する。東方正教会は立体の聖像はもたないことになる。代わりに崇拝されるのがイコン。イコンとは木版、石版に彩色豊かに描かれたイエスや聖母の絵のこと

東方正教会

2-12

●東方正教会の成立

互いに破門し合って分裂した教会は、以後**ローマ・カトリック教会**と**東方正教会**としてそれぞれ独自の道を歩むことになります。コンスタンティノープルを中心とした教会、東方正教会はキリスト教の正統派を主張し、**ギリシア正教**と呼ばれることもあります。当時はローマでも、ギリシア語での布教が行なわれていたことにもよります。

東ローマ帝国は、コンスタンティノープルを首都として、15世紀に十字軍による侵攻を受けるまで栄えていました。

キリスト教は、東方正教会として、東ローマ帝国の皇帝を教会の長とすることで国と一体化し、同様に発展していました。

●東方正教会の特徴

ローマ・カトリック教会が、教会は国の上にあると位置づけたことに対して（**教会国家主義**という）、東方正教会では**皇帝教皇主義**（国王が教会の長であるとする）を採っていました。やがて東ローマ帝国が、イスラム勢力に占領されると、東方正教会は**ロシア正教会**、**ギリシア正教会**など東欧を中心にアメリカなどにも広がっていくことになります。

この際にも皇帝教皇主義は、各国に引き継がれていくことになり、後年にはロシア正教が中心的役割を担うようになるのです。

東方正教会の儀式は、原始キリスト教に近いといわれ、神秘的な儀式を特徴としています。また**イコン**（**聖像画**）と呼ばれる、ギリシア語で肖像をあらわすイエスや聖母マリア、聖人を描いた美しく彩色された木版画を崇敬するところも特色のひとつです。

東方正教会

初期キリスト教
- ローマ教会 → ローマ・カトリック教会
- コンスタンティノープル教会 → 東方正教会
  - ギリシア正教会
  - ロシア正教会
  - ルーマニア正教会
  - セルビア正教会

東方正教会は、キリスト教の正統派を主張、ギリシア正教と呼ばれることもある

東方正教会の特徴

原始キリスト教に近い。神秘的な儀式をもつ立体聖像ではなく、イコン（聖像画）を尊崇する皇帝教皇主義（国王が教会の長である）を採る

東方正教会の組織

コンスタンティノープル総主教 ⇒
（総本山をおく）

15世紀以後はモスクワ
ロシア正教会へ

○国、地域ごとにそれぞれ独自の教会組織をもつ

総主教・大主教
主教
司教
輔祭
一般神徒
（主教のみ独身者）

カトリック教会

2-13

●ローマ・カトリック教会の成立

東ローマ帝国が13世紀まで存続したのに対して、西ローマ帝国は5世紀後半には滅亡しフランク王国に、のちの神聖ローマ帝国へと国家的背景が変わるなかで、教会もローマ教会からローマ・カトリック教会へと変化していくのです。

教義の対立を契機として、ローマ教会はコンスタンティノープルに対抗し、フランク王国とともに勢力をのばす方向を目指したのでした。フランク王国による経済的なあと押しを得て躍進したローマ教会は、神聖ローマ帝国時代になると、ヨーロッパ全土に権威を示すほどの勢力をもつようになります。

ローマ教会は、ローマの地がイエスの弟子ペテロの殉教の地であること、またペテロは天国の鍵をイエスから渡されていたことを理由に、ペテロを初代ローマ司教と決め、以後後継者がローマ司教、教皇となることを決めたのです。これによりローマ教皇の権力は、絶大なものとなりました。

●カノッサの屈辱

当時権勢を誇ったゲルマン王たちは、宗教的権威を得て支配を進めるために、カトリックへの改宗を望みました。ローマ教皇はこれを認めることで富と権力を得ていったのです。

教皇の力が、王権をも凌ぐことを証明したのが、１０７７年**カノッサの屈辱**と呼ばれる事件です。ローマ教皇**グレゴリウス7世**の廃位を企図した、**ハインリヒ4世**でしたが、逆に破門されてしまいます。

窮地に立った皇帝は、北イタリアカノッサの地で、教皇の許しを乞うため3日間雪の中に裸足で立っていたというものです。

カトリック教会

ローマ教会

ローマ・カトリック教会

→ 神聖ローマ帝国時代には、ヨーロッパ全土に権威を示す勢力をもつ

ローマ教会は、ローマの地がイエスの弟子ペテロの殉教の地であること。また天国の鍵をイエスから渡されていたという理由から、ペテロを初代ローマ司教＝教皇となることを決める。これによりローマ教皇の権力は、絶大なものとなる（使徒継承）

ローマ教皇の権力

カトリック教会の頂点にある教皇の地位は、王権よりも上であったほど

1077年
カノッサの屈辱

カトリック教会の組織

ローマ司教 →

（教会国家主義）

バチカン市国

○司教は司教区の長
○重要な司教区では、
　大司教
　総大司教
と呼ばれることもある

教皇
枢機卿
司教
司祭
助祭
一般信徒

（聖職者は独身男性。司教区は世界に2500以上あるといわれる）

★ONE POINT★

◉バチカン市国

もとは、ネロ皇帝の迫害でペテロが殉教した地とされているが、1929年に独立した国家主権が認められた世界最小の国家。東西約1km、南北約850m、面積0.44km^2

十字軍遠征

2-14

●十字軍遠征の目的

エルサレムは、イエスの墓地がある地で、ユダヤ教、イスラム教そしてキリスト教にとっても聖地だったのです。キリスト教が東西分裂の紛争中に力をもったイスラム教は、キリスト教圏を脅かす存在になっていました。

エルサレムを占領したイスラム教国を排斥しようと、１０９６年多国籍キリスト教徒を、ローマ教皇**ウルパヌス2世**のもと結成したのが**十字軍**でした。世界史のうえからも重要な十字軍の遠征は、こうして始まりその後7回約200年間にわたり続いたのです。第1回の遠征でエルサレムを奪回したものの、そののちイスラムによって奪い返され、結局目的を果たすことはできなかったのです。

それというのも、当時のキリスト教は内部的に多くの問題を抱えていたため、聖地奪回はキリスト教をまとめるための大義名分として使われた面が大きく、イスラム教結束の前には宗教的意味の脆弱さをあらわにする結果となったからでした。

●希薄となった宗教的意義

宗教上の大義の陰には、教皇の政治権力の拡大や諸侯たちの領土占領、あるいは商人らの商圏をめぐる利権などが重層的に問題を複雑化し、次第に初期の目的である宗教的意義は薄れてしまっていたのです。

十字軍結成のために集められた兵士には、さまざまな好条件が与えられたため、士気があがった一方で、戦いは凄惨なものとなり、やがて領土を侵略したり、家財・財宝を略奪する行為が頻発し、虐殺なども数多く行なわれるようになったのです。ここにおいて、宗教的意義はもはや失われたのでした。

十字軍の遠征

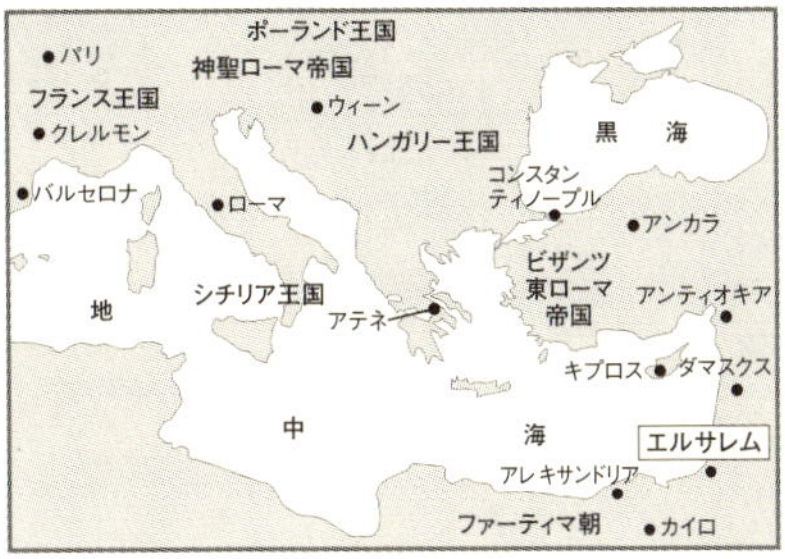

エルサレム

キリスト教	聖墳墓教会
イスラム教	岩のドーム
ユダヤ教	嘆きの壁

3つの宗教の聖地

☆7世紀頃からイスラム教が占領していた

↓

『聖墳墓教会』を訪れる、キリスト教徒への迫害

↓ キリスト教では

聖地エルサレムを奪回するという理由から十字軍を結成

十字軍の経緯とその内容

第1回	*1096～1099*年	聖地エルサレム奪回 エルサレム王国建国
第2回	*1147～1149*年	イスラム勢力の反撃に合い破れる
第3回	*1189～1192*年	エルサレムはイスラム軍の手に
第4回	*1202～1204*年	商圏拡大を狙ったベネチア商人に利用される
第5回	*1228～1229*年	フリードリヒ2世の平和交渉により聖地奪回
第6回	*1248～1254*年	ルイ9世が再占領された地を攻撃するが敗退
第7回	*1270*年	ルイ9世再度十字軍を起こすが途中病死

※1212年には少年少女が十字軍となったが、奴隷として売られた事実もある

聖地奪回

大義名分

・教皇の権力拡大
・商人らの利権拡大
など

宗教的意義喪失
戦いは凄惨

・領土侵略
・財宝略奪
・虐殺

宗教改革

2-15

●教会の堕落

十字軍の遠征後、ローマ教皇の力は衰退していました。加えて、ヨーロッパでは東西貿易が栄んになり、封建制が崩壊して資本主義経済が広がると、庶民の間に経済的格差が生じるようになりました。

経済体制が変化することを不安に感じた、農民や中・下層階級の人々は、その頃教会が発行する**贖宥状**《しょくゆうじょう》（免罪符）を購入することで、罪の軽減あるいは死後の保証を得ようとしたのです。しかし免罪符とは、実際のところ庶民にとっては新たに税を徴収されるようなもので、教会が免罪符を発行して富を得ようとするのは、教会の堕落、腐敗以外の何ものでもなかったのです。

●教会批判

14世紀頃から、ローマ教会への批判は繰り広げられていたのですが、16世紀になって**マルティン・ルター**（ドイツ）が贖宥状を批判したことで、教会に対する不満が一気に爆発するかたちとなって、**宗教改革**を訴える運動が各地に及んでいきました。ルターは、１５２１年『**95カ条の論題**』を教会に対して提出しました。

人は信仰によってのみ救われるという「**信仰義認説**」のほか「**聖書主義**」、「**万人祭司主義**」を唱えたのです。

教会に対する不満から、ドイツではルター派と呼ばれる一派が起こり、カトリックに対抗しました。ルターの影響を受けたスイスでは、**ジャン・カルヴァン**（フランス）が教会の改革に力を注ぎ、イギリスでは国王・**ヘンリー8世**によって宗教改革が行なわれ、英国国教会を設立するに至ったのです。

教会の堕落

十字軍遠征後

（ヨーロッパでは）
・ローマ教皇の力は衰退
・東西貿易の活発化
・封建制から資本主義への移行

教会は ⟶ 巨利を得た
・罪の償いを軽減する
・聖堂の修理費用に充てるために販売

腐敗・堕落

こうしたことから庶民の間には格差が生じ、その不安から購入

・罪の軽減
・死後の保証を得ようとする

贖宥状

教会批判

14世紀には、イギリスやスイスで、ローマ教会への批判起こる
16世紀になると、マルティン・ルター（ドイツ）が贖宥状を批判

教会に対する不満噴出

宗教改革

○ドイツではルター派が起こる（カトリックに対抗）
○ジャン・カルヴァン（フランス）が教会改革に力を注ぐ
○イギリスでは国王ヘンリー8世による改革で英国国教会が設立される

ルターの唱えたこと

「信仰義認説」
人は善行ではなく、信仰によってのみ救われる

「聖書主義」
権威は教会にあるのではなく、聖書にある

「万人祭司主義」
神の前ではすべての人が祭司であり、聖職者と一般信徒は平等である

プロテスタントの誕生

2-16

●プロテスタント

各地に起こった宗教改革は、既製のカトリック教会に対して抗議をする者という意味から**プロテスタント**と呼ばれ、やがてカトリックに対する新興のキリスト教を意味するプロテスタントへと発展していきました。

宗教改革を契機として、カトリック教会から分裂したものをすべてプロテスタントと呼びますが、**イギリス国教会**、**バプティスト派**、**改革（カルヴァン）派**、**ルター派**などのほかにもこの時期数多く誕生しています。カトリック教会のあり方に抗議をして生まれたプロテスタントは、崇敬する神はキリスト教と変わらず、神（父）と子と聖霊がひとつとなった三位一体説を信仰しますが、共通の教義というものはもっていないところが、ひとつの特徴となっています。

●聖書主義で対抗

もうひとつプロテスタントがカトリックと大きく違うところは、カトリックが聖書と伝統を重視しているのに対して、プロテスタントはただ信仰を重んじて、信仰をすることによって救われるとする考え方にあります。その結果、カトリックや東方正教会のような組織をつくることはせず、聖職者も一般信徒も、神の前では平等なのです。カトリック教会は、聖職者は独身でなければならないと決めていますが、プロテスタントではそれもなく、聖職者の妻帯を認めているのです。

プロテスタントのなかで異色なのが、イギリス国教会です。当時の国王ヘンリー8世が自身の離婚問題を契機として、カトリックと袂を分かつのですが、教義はカトリックとプロテスタントの中道であったというものです。

プロテスタント

各地に起こった **宗教改革** → プロテスタント（抗議する者）
カトリック教会 に対し抗議
▼
プロテスタント
（新興のキリスト教）

○プロテスタントの特徴は、カトリックから分離した宗派のことをいうもので、共通した教義というものはもたない

キリスト教各派

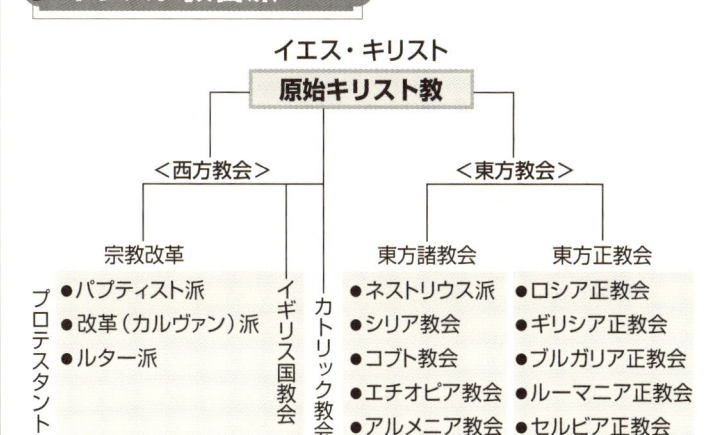

イエス・キリスト
原始キリスト教

- ＜西方教会＞
  - 宗教改革（プロテスタント）
    - ●パプティスト派
    - ●改革（カルヴァン）派
    - ●ルター派
  - イギリス国教会
  - カトリック教会
- ＜東方教会＞
  - 東方諸教会
    - ●ネストリウス派
    - ●シリア教会
    - ●コブト教会
    - ●エチオピア教会
    - ●アルメニア教会
  - 東方正教会
    - ●ロシア正教会
    - ●ギリシア正教会
    - ●ブルガリア正教会
    - ●ルーマニア正教会
    - ●セルビア正教会

★ONE POINT★

●カトリックとプロテスタントの主な違い

	主義	儀式	聖職にある者の婚姻	聖職者の尊称
カトリック	教会主義	秘蹟（サクラメント）	認められない	神父（男性のみ）
プロテスタント	聖書主義	聖礼典	認める	牧師（女性も可）

ヨーロッパの宗教戦争

2-17

●新・旧キリスト教の争い

宗教改革の結果、ヨーロッパの各地域ではプロテスタント（新）とカトリック（旧）の間で争いが起こり、**宗教戦争**と呼ぶほどに大きな争いにまで至りました。

カトリックによるプロテスタントへの迫害から始まった紛争は、新旧キリスト教内にとどまらず、貴族の勢力争いや民族の独立運動などと結びつくことで拡大し、ヨーロッパ中を巻き込む戦争に発展したのです。

１５６２年～98年にフランスで起きた**ユグノー戦争**は、新・旧キリスト教の争いがもとで１５７２年に**聖バルテルミの虐殺**が起きます。これによってカトリックを支援したスペインと、ユグノー（カルヴァン派を侮蔑したいい方）をイギリスがバックアップすることで、全面戦争へと進んでしまったのです。

●30年戦争

ヨーロッパの各地で起こった宗教戦争のなかでも、１６１８年からの30年戦争は、ヨーロッパ全土に広がって大戦争となったことで有名です。

ボヘミア王によるプロテスタント迫害に対抗して、諸侯が反乱を企てたことがきっかけとなって、ヨーロッパの各国が参戦しました。

新教徒側はイギリス、デンマーク、スウェーデン、フランスなど、カトリック側はスペインが中心となって国際戦争の様相を呈し、舞台となったドイツは荒廃しました。

オランダでは、当時の統治国スペインのプロテスタント弾圧が引きがねになり、**独立戦争**にまで発展します。１５６８年～１６４８年まで80年間もの長い戦いが繰り広げられたのです。

新・旧キリスト教の争い

宗教改革
- カトリック
- プロテスタント ｛カトリックによるプロテスタントへの迫害

↓ 貴族の勢力争い
独立戦争

宗教戦争へと発展

宗教戦争

プロテスタント（カルヴァン派）
×
カトリック

カトリックによるプロテスタントへの迫害から始まる

◆1562年 ユグノー戦争 ◆1598年

スペインのカトリック
×
オランダプロテスタント

◆1568年 オランダ独立戦争 ◆1648年

スペインのカトリック
×
イギリス
デンマーク
フランス etc.

◆1618年 30年戦争 ◆1648年

☆ヨーロッパ各地で起こった宗教戦争のなかでも、
30年戦争はヨーロッパ全土に広がり大戦争となった

★ONE POINT★

●聖バルテルミの虐殺

1572年ユグノー戦争中パリでのこと、8月24日（聖バルテルミの祝日）に行なわれた、改革派の王とカトリックの王女の結婚式の当日に、集まったユグノー（カルヴァン派）数百人が虐殺された事件

2-18

イエズス会

●カトリックの反撃

マルティン・ルターによる信仰義認説、聖書主義、万人祭司主義などを掲げた新興キリスト教プロテスタントに対して、カトリック教会も静観しているだけではありませんでした。第一に贖宥状に対する見直しから、カトリック全体に対する改革を行なったのです。

1545年にはイタリアのトリエントで公会議が開かれ、カトリック教会の権威を回復するための対抗宗教改革が確認されているのですが、この改革を推進したのが、**イグナティウス・デ・ロヨラ**でした。

ロヨラは軍人でしたが、キリスト教に深く心酔し、イエスの軍隊を意味する**イエズス会**を設立し、世界へと布教活動を展開していく急先鋒となりました。このイエズス会の活躍によって、キリスト教は、世界のあちらこちらへと広く伝わっていくことになるのです。

●植民地化と布教

15世紀から17世紀前半は、ヨーロッパ人によって新大陸や新航路の発見が相次いだ**大航海時代**と呼ばれる時期です。それによって活発化した**植民地政策**とともに、イエズス会の世界各地への布教も進められました。アジア、アフリカ、中南米と広範囲にキリスト教が広まったのは、植民地政策と一体化して布教が進められたことによるものです。しかしその布教の方法は、強引で乱暴なやり方といってもよく、強制的に力でねじ伏せて改宗させるようなものでした。ペルーの**インカ文明**やメキシコの**アステカ文明**などの文化や生活を破壊したり、駆逐したりしながらキリスト教は信者獲得に狂奔したのです。

カトリックの反撃

新興キリスト教 プロテスタント

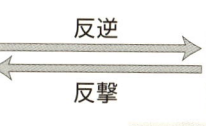

マルティン・ルター

○信仰義認説
○聖書主義
○万人祭司主義

反逆 →
← 反撃

カトリック

○贖宥状の見直し
○全体の改革

1545年　トリエント公会議
カトリック教会の権威回復

↓ 改革を推進した

イグナティウス・デ・ロヨラが
イエズス会を設立

↓ アジア、アフリカ
中南米
などへの布教

植民地政策と一体化して
布教を進める

植民地化と布教

15世紀〜17世紀前半
（新大陸・新航路の発見）
大航海時代

●植民地政策と一体化して進められたイエズス会の布教は、中南米への影響が大きくあらわれカトリック地域として、キリスト教が根づいた
●コロンブスによるアメリカ大陸発見とともに新大陸へと、キリスト教は広まった

★ONE POINT★

●イエズス会

スペインの貴族で軍人であった、イグナティウス・デ・ロヨラは戦場で負傷した際にキリスト教に心酔する。日本に布教に来たフランシスコ・ザビエルらと修道会のイエズス会（イエスの軍隊の意味）を設立

イギリス国教会

2-19

●独自の国教会を成立

宗教改革を経てカトリック教会から分派したものを、すべてプロテスタントと総称することはすでに述べましたが、イギリス国教会の場合、カトリックと決別したのは独自の理由によるものでした。16世紀初期の頃、イギリス国王ヘンリー8世は熱心なカトリック信者でしたが、王妃の侍女との結婚を望み王妃との離婚をローマ教皇に願い出たのです。しかし教皇は離婚を認めることはしませんでした。

ヘンリー8世はそれを不服として宗教改革会議を開き、国王をイギリス国教首長とする**国王至上法**を決めるのです。これによりカトリックとは別のイギリス国教会が成立しました。

●清教徒の出現

国王の離婚問題からプロテスタントの影響を受ける国教会となりましたが、16世紀半ばに**メアリーI世**が女王の座につくと、破門されていたローマ教会に復帰し、プロテスタントを弾圧するようになります。

つづく女王**エリザベスI世**の治世になると、ヘンリー8世時代のイギリス国教会に戻したのです。メアリーI世の時代に迫害された改革（カルヴァン）派、プロテスタントの人々は、その生活態度が厳格であったためにとくに**清教徒（ピューリタン）**といわれました。

またこの時期、国王至上法をとるイギリス国教会に異議を唱え、教会の自立を訴える**ピルグリム（巡礼の意味）**という一団があらわれました。彼ら102名は、国内の弾圧から逃れるため、帆船**メイフラワー号**に乗りアメリカへ渡り、最初の入植者となりました。

イギリス国教会の歴史

国王ヘンリー8世の離婚問題からプロテスタントの影響を受ける国教会へ

- **1509年**
  - ○熱心なカトリック信者
- **ヘンリー8世**
  - ○王妃との離婚をローマ教皇に願い出るが認められず
- **1547年**
  - 国王至上法成立
- **1553年**
  - ○ヘンリー8世の改革をすべてもとに戻す
- **メアリーI世**
  - ○プロテスタントの迫害
- **1558年**
- **エリザベスI世**
  - ○国王至上法を復活
  - ○39カ条発布
- **1603年**
  - ○ピューリタンの迫害
- **ジェームズI世**
  - ○ピューリタンの一部、アメリカへ渡る
- **1625年**

清教徒の出現

エリザベスI世（1553年〜1558年）の代になり、ヘンリー8世が設けた国王至上法を復活させ、さらに39カ条を発布する

39カ条とは　国内のカトリックとプロテスタントを共存させるために、「教義をプロテスタント、礼拝儀式はカトリック」という独自の方法をとる

ピューリタン　これを不満として改革を求めるが、ジェームズ1世により迫害される

1620年　102名がアメリカへ渡る

★ONE POINT★

●イギリス国教会

イギリスでは現在も国王を首長とする国教会を存続させている。総本山をカンタベリー大聖堂とし、国王の下にカンタベリー大主教が即位してイギリス国教会を構成している

2-20

キリスト教の国アメリカ

●宗教の新天地アメリカ

１６２０年、イギリスから帆船メイフラワー号でアメリカに渡ったピルグリム・ファーザーズ102名は、アメリカ建国の基礎となった最初の移民たちでした。

続いて他派のプロテスタントもアメリカへ渡るようになり、やがてイギリス国教会やカトリックまでが次々と海を渡り、アメリカはさまざまな宗教の新天地となったのでした。

初期のピューリタン、ピルグリム・ファーザーズは、マサチューセッツに入植しました。イギリス国教会はバージニア、カトリックはメリーランドへ、ピューリタンの祖ともいえるプロテスタントの宗派はロードアイランドへと移住し、やがてこれらの宗派はアメリカ全土へと波及していきました。

●アメリカをまとめる宗教

17世紀にアメリカへ渡ったピューリタンたちが定住を果たしてからのち100年、**独立戦争**を経たアメリカは、憲法で政教分離を定め、信教の自由についても保障しました。それはアメリカという国が多くの民族が集まってできたところから、それぞれの宗教の生活習慣あるいは価値観といったものを、尊重しつつまとめていかなければならないという、直面する現実問題に対する、ひとつの対応策でもあったのです。

現在のアメリカのキリスト教信者をみると、全体の6割をプロテスタントが占め、約2割がカトリックとなっています。宗教の数がどのように増えて分派しようとも、アメリカの基盤となるものはキリスト教の精神であり、国を支えていることに違いはないのです。

宗教の新天地

1620年、イギリスからメイフラワー号でアメリカに渡ったピルグリム・ファーザーズ102名は、アメリカ建国の基礎となった最初の移民

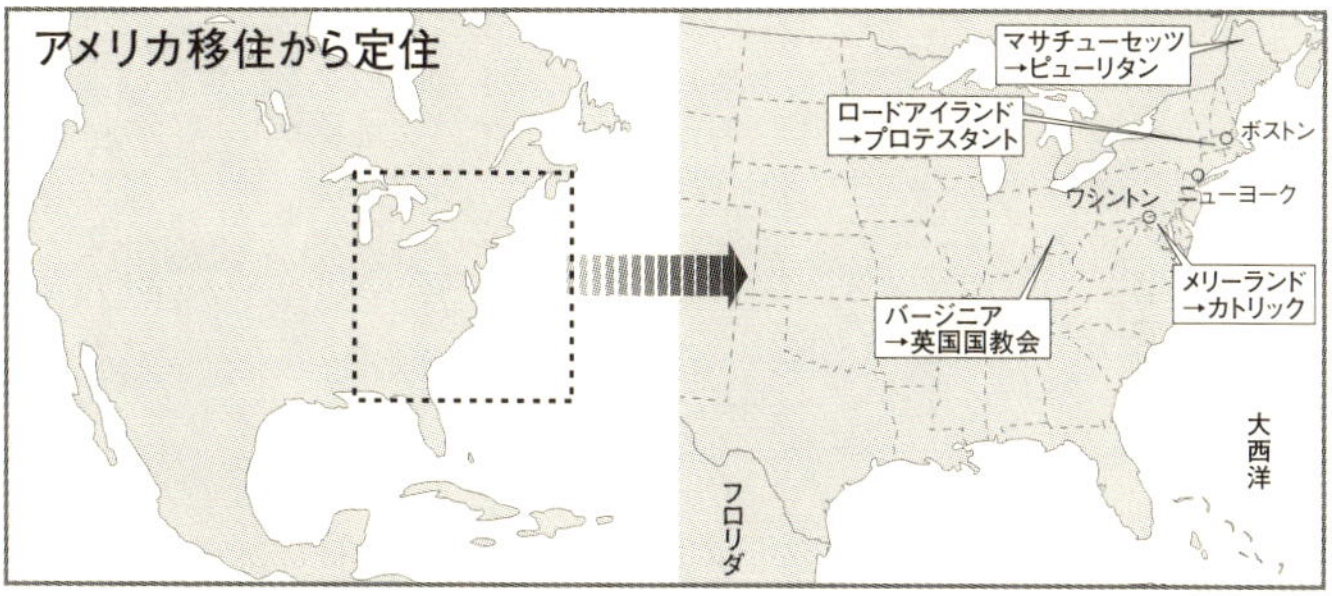

ピルグリム・ファーザーズ ──→ マサチューセッツ
イギリス国教会 ──→ バージニア
カトリック ──→ メリーランド
プロテスタント（ピューリタン）──→ ロードアイランド

アメリカをまとめる宗教

1776年に独立戦争 →

憲法で政教分離
信教の自由の保障
↓
アメリカ国家建設の特徴
↓
- 多民族が集合してできている国
- 宗教の多様性、価値観の尊重

↓
アメリカという国をまとめる役割りを果たす宗教

★ONE POINT★

● 現在のアメリカのキリスト教信者数
アメリカのキリスト教徒はアメリカ人口全体の8割を占めている。そのうちの6割がプロテスタント、2割がカトリックという構成となっている

2-21 中南米のキリスト教

●植民地化と一体化した布教

中南米諸国は、大航海時代にヨーロッパから渡ってきたスペインやポルトガルによって植民地化され、それと同時にキリスト教の布教が行なわれました。

スペイン、ポルトガルはともにカトリックで**フランシスコ会**、**ドミニコ会**といった修道会が中心になって布教活動が展開されたのですが、そのやり方は現地住民（インディアン）の文化を破壊したり、現地住民への侵略的行為といった、決して融和的平和的な方法といえるものではありませんでした。

現地住民のほとんどはキリスト教に改宗することで、かろうじて生きのびたので、表向きは改宗したものの生活習慣や信仰を隠れもっていたのです。教会に対しては、白人が虐げる象徴のように思っているような部分もありました。

●中南米に根づいたキリスト教

植民地支配から解放されたのちにも、新しい政府とキリスト教との間はうまくいかない時期が続いたのですが、ラテンアメリカの貧困層に対して貧困の人々をこそ優先するという精神で、根気強く働きかけるカトリックやプロテスタントの聖職者の努力が、着実にキリスト教徒の信者数をふやしていったのです。その努力の結果現代では、中南米のほとんどがキリスト教の信者によって占められています。

メキシコの一部では、先住民の信仰とカトリックを混合した新しいかたちの宗教が生まれました。褐色の肌と髪、そして瞳をもったグアダルーペの聖母マリア像を信仰するという独特のものです。

植民地化と一体化した布教

中南米諸国

大航海時代にヨーロッパから渡ってきたスペイン、ポルトガルによって **植民地化**

同時に行なわれた **キリスト教の布教**

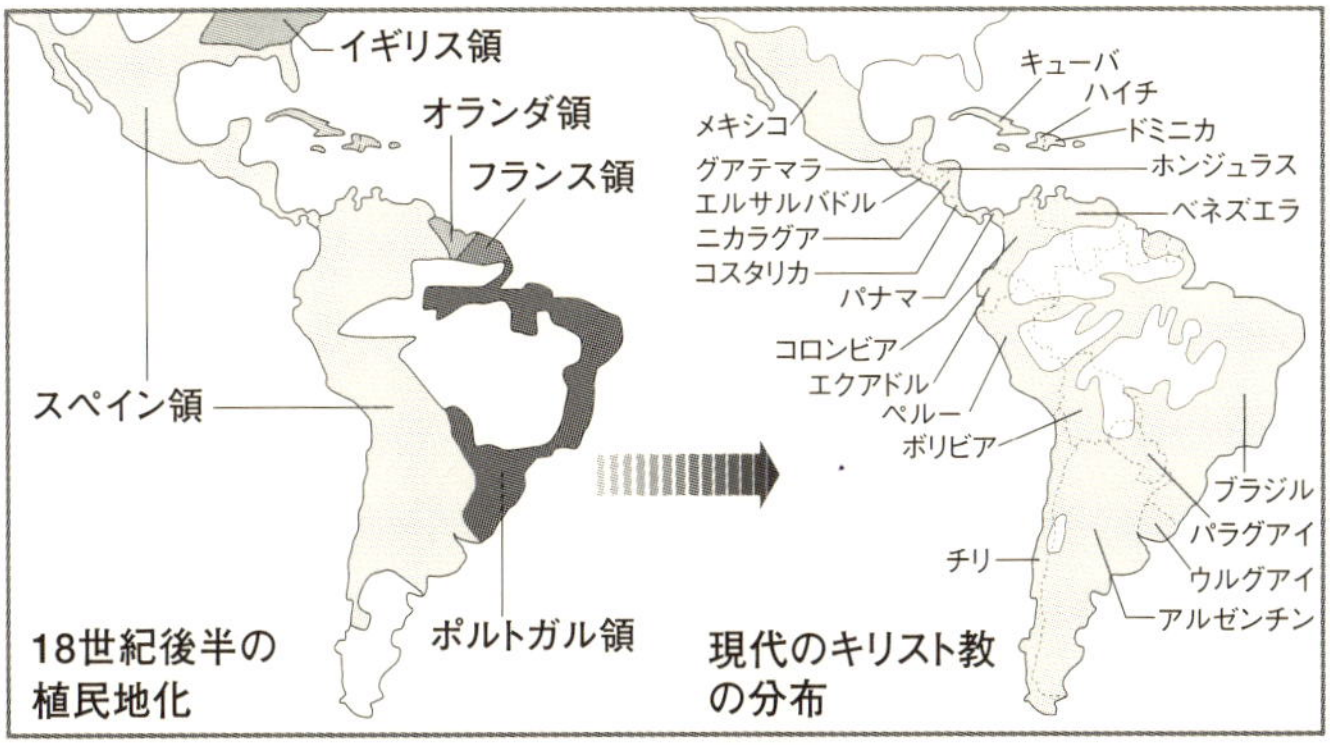

18世紀後半の植民地化

現代のキリスト教の分布

修道会による布教活動

スペイン・ポルトガル → **カトリック修道会**（フランシスコ会、ドミニコ会） → **布教活動**

○ 現地住民の文化を破壊
○ 現地住民への侵略的行為
（暴力的に行なわれた）

↓

表向き改宗することで生きのびた…反発

→ こうしたやり方から、「貧困層こそ優先する」という精神で、カトリックやプロテスタントの聖職者が地道に努力をした。その結果、現在では中南米のほとんどがキリスト教信者となっている

2-22 アフリカのキリスト教

●アフリカ南部に広まる

アフリカもまた、ヨーロッパの植民地化政策によって、植民地とキリスト教化が進められました。アフリカへの布教は、現地住民の宗教を否定するところから始められたところは、中南米やアメリカと同じでしたが、アラブ世界に隣接する北部アフリカではすでにイスラム教を信仰する地域があり、この地域にはキリスト教がとって代わることはありませんでした。

アフリカ大陸では南部方面が、現在でもキリスト教徒が多い地域となっているのですが、それは18世紀以降、この地域がイギリス、フランス、ドイツなどによって分割支配された歴史的背景によるものです。

そうしたなかでエチオピアだけは特別でした。というのも、エチオピアはキリスト教の国としてすでに長い歴史があったので、独立が認められていたからです。

●近代のキリスト教

暗黒大陸ともいわれたアフリカの地で布教をするということは、農業を指導することや学校、病院といった、人々の生活に密着したところを改善するところから始めなければならない大仕事だったのです。

古い伝統的な宗教や信仰からは得ることのできない、近代的なキリスト教が与えるさまざまな恩恵に浴することで、アフリカの人々の心は魅了され、キリスト教に傾倒していったという経緯は、ある意味キリスト教が人々の希望としてとらえられていったといっても過言ではないでしょう。現在のアフリカのキリスト教徒は約4億、イスラム教徒が約3億5000万人とされています。

植民地化政策と一体化

アフリカ諸国

ヨーロッパの植民地化政策と
一体化して布教が進められた

アラブ世界に隣接する北部アフリカは、イスラム教を信仰する地域があり、キリスト教圏とはならない

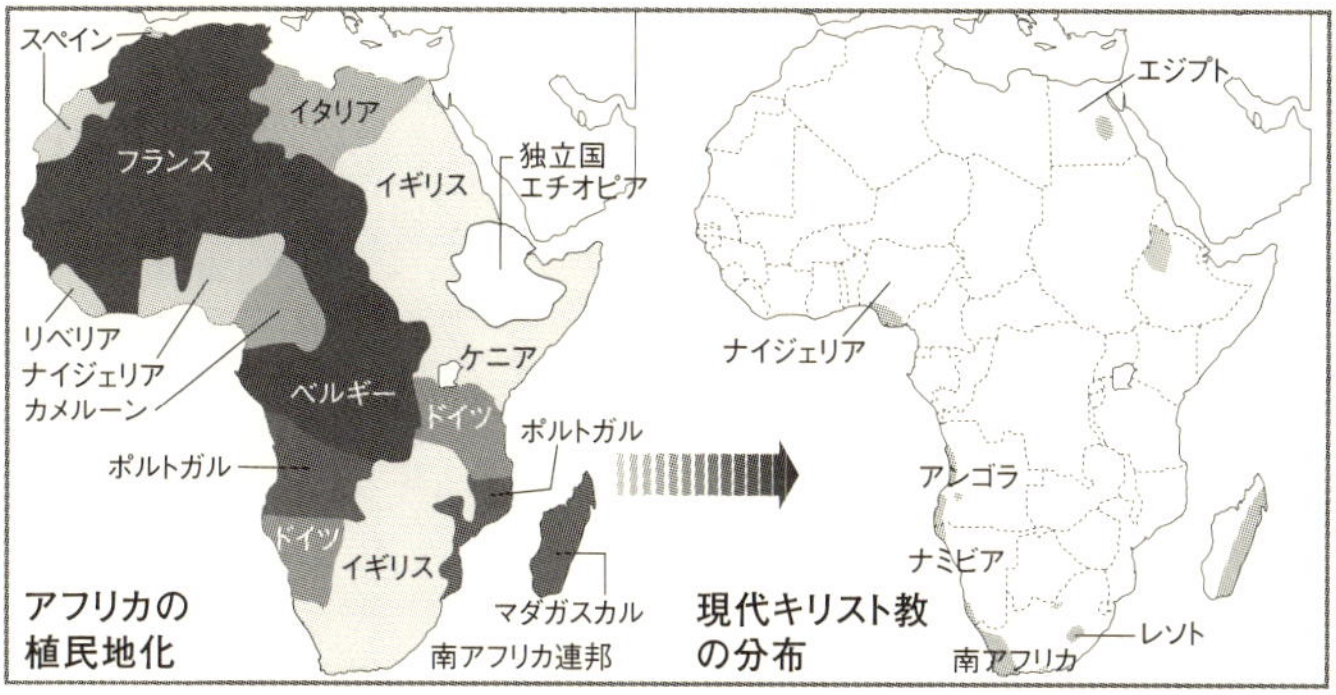

18世紀以降のイギリス、
フランス、ドイツなど
による分割支配

アフリカ大陸では、南部方面が、
現在でもキリスト教徒の多い地域
となっている

**エチオピアはキリスト教の長い歴史があったため
独立国として認められていた**

アフリカ大陸での布教

人々の生活に密着したところを
改善することから始めた

- 農業指導
- 学校の建設
- 病院の建設など

- 近代的なキリスト教が与える恩恵に浴することで、キリスト教に傾倒していった。アフリカのキリスト教徒は約4億人、イスラム教徒が3億5,000万人とされている

2-23

中国のキリスト教

●国を理解し、布教に努める

中国のキリスト教の歴史は、7世紀**ネストリオス主義「景教」**として伝えられたのが最初とされています。しかし広く普及することはなく、衰退してしまいます。

次にキリスト教が中国にもたらされるのは16世紀、大航海時代になってからイエズス会の修道士たちによってでした。

イタリア人の**ミケーレ・ルジェリ**と**マテオ・リッチ**二人の宣教師は、まずは中国のことばや文化を学ぶことに専念し、中国という国を理解することに努めたのです。

そして中国の仏教、道教、儒教のなかからとくに知識人の多い儒家に対し、儒教とキリスト教の信仰の共通性を説くことで、キリスト教に改宗させることに成功したのでした。当時の宣教師らには学術・文化に明るい博識者が多く、ヨーロッパの文化を中国に紹介したり、中国の文化をヨーロッパへと文化交流の面でも大きく貢献したのです。

●近代のキリスト教

18世紀に入ると、ヨーロッパ各国が王権制をとるようになり、教皇とのつながりで世界的活動をするイエズス会は危険視されるようになります。18世紀末頃には解散されることとなり、中国での活動も終わりを告げるのでした。

19世紀、イギリス東インド会社から派遣されたプロテスタントの宣教師が、再度中国での布教を行ないますが、イエズス会が試みた文化的交流ではなく、アメリカやイギリスなどによる植民地主義的強権支配に近いもので、受け入れ難いものでした。

中国のキリスト教の歴史

7世紀 …… ネストリオス主義「景教」として伝えられるが衰退

16世紀 …… イエズス会修道士…大航海時代

宣教師 ［ミケーレ・ルジェリ／マテオ・リッチ］ 中国の文化を学ぶ

当時の宣教師らは学術・文化に明るい博識者が多かった

中国とヨーロッパの文化交流の面でも大きく貢献

仏教・道教・儒教…当時の中国

↓

とくに知識人の多いところに着目

キリスト教と儒教の共通性を説く

↓

キリスト教への改宗

18世紀 ……ヨーロッパ各国が王権制をとるようになり、イエズス会は解散させられ活動中止となる

19世紀 ……イギリス東インド会社から派遣されたプロテスタントの宣教師は植民地主義的強権支配で、受け入れ難いもの

★ONE POINT★

●ネストリオス主義

431年、エフェソス公会議席上で当時のコンスタンティノープル総主教ネストリオスがイエスは神と人の両面をもつという説に対して「イエス・キリストは神ではなく、人としての本性がある。そのためマリアはキリストの母である」との説で総主教の職を解かれた。のちネオリスト派をつくる

朝鮮半島のキリスト教

2-24

●独自にキリスト教を信仰

朝鮮半島のキリスト教は、16世紀豊臣秀吉が朝鮮出兵の際に同行したイエズス会司祭によってもたらされたと考えられています。しかし従軍司祭という立場から、実際に布教にあたったことはなかったようです。

17世紀**李氏朝鮮**時代になって、中国を経由してキリスト教関係の書籍が入ってくると、研究者のなかからキリスト教を信じる者があらわれて、独自に信仰をする集団が形成されていったのです。

布教という形式で宣教師がはたらきかけたのは、中国北京のイエズス会で活躍したマテオ・リッチが朝鮮使節団に会った際のことでした。つまり宣教師が韓国に派遣された実績はなく、北京で洗礼を受けた人物が帰国して自主的にキリスト教を信仰していたというのです。イエズス会の宣教師が韓国に布教に入るのは、それからしばらくしてからのことでした。

●近代のキリスト教

19世紀になると、朝鮮半島で初の司祭も誕生し本格的な布教も始められることになりますが、一般的には儒教が浸透していて、カトリックは邪教扱いされ弾圧の対象となりました。最初の司祭**金大建**（キム・デゴン）をはじめとする103人の信者が、キリスト教棄教を迫られ処刑されたのはこの頃です。

やがて欧米諸国との外交関係が図られるようになると、プロテスタントの宣教師が多数派遣されるようになり、本格的な布教活動が展開されるようになるのです。

現在の韓国は、宗教人口は約5割、そのうちキリスト教の占める割合は約3割となっています。

韓国のキリスト教の歴史

16世紀 ……豊臣秀吉が朝鮮出兵の際同行したイエズス会司祭によってもたらされるが、布教されることはなかった

17世紀 ……李氏朝鮮時代に、中国を経由してキリスト教関係の書籍が入ってくる

↓

キリスト教研究者のなかからキリスト教の信者があらわれ、独自に信仰する集団が形成された

韓国に宣教師が派遣された実績はなく、北京で洗礼を受けた人物が帰国して、自主的にキリスト教を信仰した経緯
——イエズス会の宣教師が韓国に派遣されたことはない

近代のキリスト教

19世紀 ……朝鮮半島で初の司祭も誕生し、本格的な布教も始められるが、儒教が浸透していることでカトリックは邪教扱いされ弾圧の対象となる

最初の司祭金大建（キム・デゴン）をはじめとする103人の信者が、キリスト教棄教を迫られ処刑される

やがて欧米諸国との外交関係が図られるようになると、プロテスタントの宣教師が多数派遣されるようになり、本格的な布教活動が展開されるようになる

☆現代の韓国の宗教人口は全体の約5割、そのうちキリスト教信者の占める割合は約3割となっている

日本のキリスト教

2-25

●戦国時代に伝来

日本にキリスト教が伝わったのは、16世紀半ば戦国時代の頃でした。イエズス会の**フランシスコ・ザビエル**が鹿児島に来航し、**大友宗麟**（豊後大名）の保護のもとで布教にあたったのはよく知られているところです。その後織田信長の支持を得て、九州から近畿地方にまで活動は広がりをみせますが、織田信長が亡くなると、次の豊臣秀吉によって**伴天連追放令**が出されます。

伴天連（宣教師）追放令は出たものの、キリスト教とともに盛んになった南蛮貿易が禁止されることはなかったので、宣教師の渡来もまた、弾圧されつつも続いていました。

江戸時代になると徳川家康によって禁教令が出され貿易の制限、そして**鎖国政策**がとられることになります。これによってキリスト教は一切禁止されるのでした。

●近代のキリスト教

鎖国から約200年ののち、１８５７年に鎖国令が解かれますが、キリスト教に対する弾圧は明治時代まで続いていました。しかし欧米との関係からキリスト教を容認するようになると、アメリカから多数のプロテスタントの宣教師が来日するようになります。

宣教師から西欧の文化や技術を伝授されると、日本でのキリスト教会の中心的役割を担う人物も出現し、キリスト教が市民のなかに普及していくようになりました。が、太平洋戦争によって宗教統制がなされます。戦後、新憲法によって信教の自由が保障されると、カトリック教会組織は日本の北から南までに教区を有し、現在約50万人の信者がいるといわれます。

日本のキリスト教の歴史

1549年 ……イエズス会のフランシスコ・ザビエル鹿児島来航
大友宗麟の保護のもとで布教にあたる

↓

織田信長の支持を得て、九州から近畿地方にまで広がる

1587年 ……豊臣秀吉による伴天連追放令
追放令は出たが、南蛮貿易が禁止されることはなかったので宣教師の渡来は、弾圧されつつも続いていた

1612年 ……全国に禁教令

1624年 ……スペイン船の来航禁止

1639年 ……ポルトガル船の来航禁止

17世紀末 ……鎖国政策の徹底

近代のキリスト教

1857年 …… 鎖国令の解除
アメリカを中心にプロテスタント諸派の宣教師が来日。
西欧文化、技術指導を受ける

1939年 ……宗教団体法制定

1945年 ……戦後新憲法によって信教の自由が保障される
（カトリック、プロテスタントの活動活発化）

☆現代のカトリック教会組織は日本の北から南までで約50万人の信者がいるといわれる

キリスト教の儀式と行事

2-26

●キリスト教の儀式

キリスト教を大きく分けると、カトリック、東方正教会、プロテスタントの3つになります。それぞれの教派にはそれぞれの儀式があります。**サクラメント**（目には見えない神の恵みを受けるしるしというラテン語）と呼ばれるものですが、カトリックでは**秘蹟**、東方正教会では**機密**、プロテスタントでは**聖礼典**といいます。

教派による呼び方は違ってはいても、儀式についての内容はあまり変わることはありません。カトリック教会と東方正教会には7つの儀式がありますが、プロテスタントではそのうちの2つだけが儀式として執り行なわれているというものです。つまり**洗礼**と**聖体**（**聖餐**）はどの教派にも共通した儀式なのです。聖体（聖餐）とは、イエスの体をパンで、血をぶどう酒で象徴する食事を分かち合う、キリスト教では最も重要とされる儀式のことです。

●キリスト教の行事

キリスト教の祝祭日として最も重要とされるのは、イエスの復活を祝う**復活祭**です。復活祭より前の40日から準備期間と考えられ、ぜいたくな食事を断ちます。7日前になるとイエスが処刑されたことを思い、厳粛に過ごします。

復活祭当日には復活を祝います。復活祭はイースターとも呼ばれます。もうひとつキリスト教信者にとって大切な日がイエスの誕生日**クリスマス**です。降誕祭とも呼ばれるこの行事は、キリスト教徒だけの祝日ではなく、子どもたちにとっての楽しみなお祭り行事となっています。なぜなら、子どもの守護聖人**サンタ・クロース**によってプレゼントが届けられる習慣があるからです。

キリスト教の儀式

カトリック	東方正教会	プロテスタント
秘《ひ》 蹟《せき》（サクラメント）	機《き》 密《みつ》（ミステリオン）	聖礼典《せいれいてん》
洗礼《せんれい》：幼児洗礼が基本	洗礼《せんれい》：聖洗ともいう。産後40日を経てからの幼児洗礼が通例	洗礼《せんれい》：教派により異なる。幼児洗礼をしないこともあり
聖体《せいたい》：ウェファースを使う	聖体《せいたい》：イーストを用いたパンを使用	聖餐《せいさん》：パンとワインはキリストの体と血の象徴
堅信《けんしん》：キリストの証人となる	傅膏《ふこう》：洗礼に続けて行なうこともある	堅信《けんしん》：（聖礼典ではなく象徴的儀式として行なわれる）
告解《こっかい》：「赦しの秘蹟」ともいう	痛悔《つうかい》：聖体の前に行なう	—
婚姻《こんいん》：聖職にあるものは結婚は不可	婚配《こんぱい》：信徒同士で行なわれる	—
塗油《とゆ》：「病者の塗油」、「終油」ともいう	聖傅《せいふ》：病気の平癒を祈って行なう	—
叙階《じょかい》：叙階を受ける者は終身独身の男性のみ	神品《しんぴん》：「叙聖」ともいう。下位の聖職者は妻帯可	—

キリスト教の行事

復活祭…………イエスの復活を祝う
40日前から準備期間に入り、7日前からは厳粛に過ごす（イースターともいう）

クリスマス……イエスの誕生日
キリスト教徒だけではなく、子どもたちにとって楽しみなお祭り行事となっている。サンタ・クロースによってプレゼントが届けられる（降誕祭）

★ONE POINT★

●サンタ・クロース

婦人、子ども、船乗りの守護聖人といわれる、聖ニコラウスのこと。ニコラウスに扮した者が、子どもたちにプレゼントを贈る習慣がドイツ、オランダにあった

Column
宗教こぼればなし

“ヒジャーブ”

　ヒジャーブというのは、イスラム教徒の女性が髪から首あるいは目以外を、すっぽりと覆《おお》っている黒い布のことをいいます。イスラム教の戒律が厳しいサウジアラビアでは、日本から訪問した場合でも女性はこのヒジャーブあるいはスカーフで、頭や顔を覆わなければなりません。

　ではなぜこのヒジャーブを被るのかというと、イスラム社会では、このヒジャーブを被ることで非倫理的な意味合いをもって、男性を誘惑することをしませんという、意志をあらわすことになるのです。

　頭や顔だけではなく、身体全体を黒い布ヒジャーブで覆っていると、その女性は男性に対して挑発的な態度などはとらないという自己証明をしているようなものなのです。肌を露出するような服を着た女性は、それだけで倫理観の欠如した女性とみなされることになってしまうのです。

　男性の側からいうならば、妻や恋人がヒジャーブを着けていてくれることで、妻が貞淑であることを証明できることになり、安心だというわけです。それでも最近ではヒジャーブを着けない女性も、わずかながら増えてはいるようです。

第3章
イスラム教

イスラム教のおこり

3-1

●孤児ムハンマド

570年頃、**ムハンマド**は**クライシュ族**の氏族**ハーシム家**に誕生しました。生まれたときにすでに父は亡く、6歳で母も死去します。幼くして両親を亡くしたムハンマドは、祖父の手で育てられるのですが、しばらくのちには祖父も亡くなり、叔父の**アブー・ターリブ**に預けられるのでした。

幼少の頃をどのように暮らしたのか、くわしいことはわかっていません。ムハンマド25歳の頃、商人として才覚をあらわすと15歳年長の富裕な未亡人**ハディージャ**と出会って二人は結婚します。二人の間には7人の子どもをもうけ幸せに暮らしていました。ムハンマドはときにメッカに近いヒラー山の洞窟で、瞑想にふけることがありました。

●突然神の啓示を聞く

ムハンマド40歳のとき、ヒラー山の洞窟でいつものように瞑想にふけっていると、突然神の啓示を聞くのでした。**神の遣い**があらわれ、ムハンマドが神の使徒であることを告げられるのです。ムハンマドは自分が神の遣いであることを自覚し、預言者となります。

啓示を与えた神の遣いはその後、何度かムハンマドのもとを訪れますが、やがて神**アッラー**への服従を誓い、アッラーこそが唯一の神であることを説くのでした。

啓示は、ムハンマドが亡くなるまで何度かもたらされたといいます。ここでいう預言者とは、アッラー（神）のことばを授かり、それを聞いたまま一字一句間違いなく人々に伝える役目を果たす人のことです。

妻ハディージャはイスラム教初の信者となり、ムハンマドは布教を始めます。

ムハンマドの誕生

570年頃 …… **ムハンマド誕生**

アラビア半島メッカ、クライシュ族の氏族ハーシム家に生まれる

社会背景

この頃のアラビアは、ゾロアスター教を崇拝するササン朝ペルシアとキリスト教国東ローマ帝国が勢力を争っていた

母を亡くす………6歳の頃（父は生まれたときにいない）

孤児となる

祖父に育てられるが亡くなり、叔父のアブー・ターリブに預けられる

メッカは貿易都市として栄えていた

商人となる……… 25歳の頃

ハディージャと結婚（ムハンマドより15歳年上）

7人の子どもをもうけ幸せに暮らしていた

神の啓示を聞く

神の遣いがあらわれ、神の使徒であることを知る ………40歳の頃（ヒラー山の洞窟）

布教を始める（イスラム教が始まる）

妻ハディージャは、最初の信者となる

★ONE POINT★

● ムハンマド

570年頃から632年まで生きる。日本語としてはマホメットとして知られるが、現在ではムハンマド（アラビア語）が一般的

3-2 イスラム教の成立

●メッカからメディナへ

ムハンマドは、当時商業の中心地であったメッカで布教を始めます。メッカは商業が盛んでしたが、富裕層による富の独占が進んでいたので、アッラーのもとに人は平等であることを説くムハンマドは、貧困層にしか受け入れられませんでした。

その頃のアラブは、伝統的な多神教社会で、メッカにある**カーバ神殿**には各部族の神像が多数安置され、多くの信者が訪れて礼拝をしているという状況でした。唯一神アッラーを唱えるムハンマドは、やがて富裕層や有力者たちから迫害されるようになります。

ムハンマドは迫害を受けながらも布教を続けるのですが、激しさをますメッカからメディナへ移住することに決めます。

これを**ヒジュラ（聖遷）**と呼び、イスラム暦はここから始まったと考えられるようになります。移住したメディナではアラブ部族間の抗争が絶えませんでしたが、ムハンマドによって争いが治められるのでした。

●アラビア半島の統一

宗教指導者として認められたムハンマドは、メディナに**イスラム共同体（ウンマ）**をつくり、**メディナ憲章**を定めます。

初めてのモスクも建立します。ウンマは信教の自由を認め、階級や部族の違いなどに関係なく平和共存するのですが、外部の敵と共に戦う**ジハード（聖戦）**は許されました。

メッカとの何度目かの交戦ののち、ムハンマドの軍はメッカに入り、カーバ神殿の神像を破壊し、無血征服に成功します。これ以後アラビア半島の部族はイスラム教に入信し、統一されるのです。

イスラム教の成立

ムハンマド　商業の中心的メッカで布教を始める……イスラム教

富裕層による富の独占が進んでいた

迫害される

アッラーの神のもとに人の平等を説くムハンマドは貧困層にしか受け入れられなかった

当時のアラブは多神教社会であったため、唯一神アッラーを唱えるムハンマドは、富裕層や有力者たちから迫害されるようになる。そこでメッカからメディナへ移住、これをヒジュラと呼ぶ

アラビア半島統一

メディナへ移住したムハンマドは、アラブ部族間の抗争を治め、宗教指導者として認められる

メディナにイスラム共同体（ウンマ）をつくる

メッカとの交戦後、無血征服を遂げる
（カーバ神殿の神像を破壊）

アラビア半島の部族はイスラム教に入信

アラビア半島統一

イスラム教の信仰対象

3-3

●唯一絶対神アッラー

イスラムとは、唯一神アッラーに絶対服従を意味するアラビア語です。アッラーとは同じくアラビア語で、神のことです。

ムハンマドが神の啓示を受け、預言者となったということは、アッラーへの絶対服従の意味をあらわすイスラムを説くということなのです。以来唯一絶対神アッラーの前に、人間はすべて平等であると、ムハンマドは周囲の人に伝え、布教活動を始めたのです。

●偶像崇拝の禁止

イスラム教では、神を像としてあらわすことやかたちとして描くことを許してはいません。

全知全能の万物を創造した神アッラーはもちろんのこと、預言者ムハンマドの肖像画を描くことも、一切禁止されています。それは誰も会ったことも見たこともない存在を勝手につくって描いてはいけないという考え方からです。

そのほか、正統カリフ4代、アブー・バクル、ウマル、ウスマーン、アリーなどの姿を描くことも禁止されています。つまり、イスラム教では聖像を拝するという神の崇め方ではなく、アッラーの名を口に出して唱える方法を重要としたのです。

アッラーとは、世界を超越した全知全能の万物を創造した神です。アッラーのもとではすべての**イスラム教徒（ムスリム）**は平等であると考えるので、一人ひとりのムスリムは、アッラーに対して直接祈りを捧げるのです。

人は誰でもアッラーに対して直接祈りを捧げ崇拝することが最も大切とされ、アッラーの名を唱えることが、ムスリムと神との絆を強める最良の方法と考えられているからなのです。

唯一絶対神

ムハンマド布教 → **イスラム教**
（唯一絶対神）

イスラム教が広まる以前のアラビア半島では、ほとんどのアラブ人部族は自然を崇拝する多神教であった

イスラム教
アッラー （預言者） ムハンマド

偶像崇拝の禁止

アッラーとは、世界を超越した全知全能の創造主
神そしてムハンマドの肖像画などを描くことは一切禁止

禁止されている人物など

神	預言者	正統カリフ4代
アッラー	ムハンマド	アブー・バクル、ウマル、ウスマーン、アリー

イスラム教の考え方

（神）
アッラー
↓
ムスリム
（イスラム教徒）

神のもと、人はすべて平等である
↓
なぜなら、人は誰でもアッラーに対して直接祈りを捧げることが大切だから

イスラム教の教義①
六信

3-4

●イスラム教徒が信じる六信

ムハンマドが62歳で亡くなると、独自の立場でイスラム教の教義が体系化されるようになります。それとともに、ムスリムが信じる対象が明確になってきました。それは**六信**という6つの信仰の対象となる聖なる真実のことです。

六信とは**アッラー**（神）、**マラーイカ**（天使）、**キターブ**（啓典）、**ナビー**（預言者）、**アーヒラ**（来世）、**カダル**（天命）です。この六信は内容から大きく二つに分けることができます。ひとつは目に見ることのできないもので、アッラー、アーヒラ、カダルです。もうひとつは目に見えるキターブとナビーです。ムスリムはこの六信の存在を信じるのです。

●六信とは

アッラー（神） 全知全能の世界の創造主。アッラーを信じ、絶対服従が信仰となります。神を偶像化することは厳禁です。

マラーイカ（天使） 神と人間を仲介する存在。天使ジブリール（ムハンマドに啓示を与えた）、終末を知らせるイスラーフィール、サタンと戦う天使など数多くいます。

キターブ（啓典） 預言者を介して人間にもたらされた啓示をまとめたもの。**『クルアーン』（コーラン）**は、ムハンマドによって伝承された啓示を記述したものです。

ナビー（預言者） 神が遣わした神の教えを伝える人のこと。ムハンマドは最後の預言者。

アーヒラ（来世） 終末が訪れると、人は神の最後の審判を受け、天国と地獄に分けられます。

カダル（天命） すべて神によって定められているので、神を信じれば救われるのです。

六　信

ムハンマドが62歳で亡くなる

イスラム教の教義が体系化される

ムスリムの信じる対象が明確化する

六信

（信じるべき6つの対象）

天使（マラーイカ）

神と人間を仲介する存在

○ジブリール

○イスラーフィール

など

（アッラー）

神

全知全能の世界の創造主

預言者（ナビー）

神が遣わした神の教えを伝える人

○ムハンマドは最後の預言者

天命（カダル）

ものごとは、すべて神によって定められているので、神を信じることで救われる

来世（アーヒラ）

終末が訪れると、人は神の最後の審判を受け天国と地獄に分けられる

啓典（キターブ）

預言者を介して人間にもたらされた啓示をまとめたもの

○『クルアーン』

など

目に見ることはできないもの

★ONE POINT★

●『クルアーン』

『コーラン』とも呼ばれるが、アラビア語では『クルアーン』。最後の預言者ムハンマドが、アッラーのことばを聞き、記されたのが『クルアーン』。神のことばそのままとしてムスリムは信仰する

3-5

イスラム教の教義②

五行

●守るべき行ないを定めた五行

キリスト教の場合は、神を信じることさえすれば救われると説いていますが、イスラム教の場合は、六信を信じることのほかに五つの守らなければならない行ないがあります。それは**五行**です。

五行とは**シャハーダ**（信仰告白）、**サラート**（礼拝）、**サウム**（断食）、**ザカート**（喜捨）、**ハッジ**（巡礼）のことをいいます。

●五行とは

シャハーダ（信仰告白） 礼拝のたびに唱えなければならないのが「アッラー以外に神はない。ムハンマドはアッラーの使徒である」です。アッラーが唯一神、ムハンマドが預言者であることを認めるという表現です。

サラート（礼拝）、ファジュル（早朝礼拝）、ズフル（昼の礼拝）、アスル（午後の礼拝）、マグリブ（日没礼拝）、イシャー（夜の礼拝）一日5回メッカの方向へ向き神をたたえるために行なう礼拝のことです。

サウム（断食） ヒジュラ暦の9月の1カ月間日の出から日没まで、飲食、喫煙などが禁じられます。子ども、妊婦、老人などを除き健康な成人が行なうものです。

ザカート（喜捨） 年間所得に応じて決められている税率によって支払う金品のことで、貧者や孤児のために使われるものです。サダカという自主的な喜捨とは別です。

ハッジ（巡礼） ヒジュラ暦の12月8日〜10日の間に、メッカにあるカーバ神殿を訪れることをいいます。一生に一度は行なうべきであるとされています。六信と合わせ六信五行と呼び、ムスリムの生活の基本となります。

五 行

イスラム教　六信を信じること……5つの守らなければならない行ないがある

義務づけられたもの……**五行**

☆信仰告白(シャハーダ)

礼拝のたびに唱えなければならない

「アッラー以外に神はない。ムハンマドはアッラーの使徒である」

アッラーが唯一神、ムハンマドが預言者であることを認めるもの

☆礼拝(サラート)

1日5回メッカの方向へ向き神をたたえるために行なう礼拝のこと

・早期朝礼(ファジュル)　・昼の礼拝(ズフル)

・午後の礼拝(アスル)　・日没礼拝(マグリブ)

・夜の礼拝(イシャー)

☆断食(サウム)

ヒジュラ暦の9月の1カ月間日の出から日没まで、飲食喫煙などが禁じられる

・健康な成人が行なう

☆喜捨(ザカート)

年間所得に応じて決められている税率によって支払う金品のこと

・貧者や孤児のために使う

☆巡礼(ハッジ)

ヒジュラ暦の12月8日〜10日の間に、メッカのカーバ神殿を訪れること

・一生に一度は行なうべきとされる

★ONE POINT★

●ヒジュラ暦

ムハンマドが迫害を避けるために、メッカからメディナへ移住した西暦622年を紀元元年とする太陰暦のことで、月の周期による暦なので1カ月は29日〜30日、1年は354日から355日となる

イスラム教の教典

3-6

●最も重要な聖典

『クルアーン』（コーラン）は、アッラーのことばを記したイスラム教にとって、最も重要な聖典とされています。ムハンマドに神が与えた聖典として、イスラム教にとっては特別な意味をもちます。

最初にムハンマドに啓示があったヒラー山での出来事から、ムハンマドが死ぬまでの約23年の間に、何度も授けられた啓示をすべて完全に暗誦したものを、のちにアラビア語で書物としてまとめられたのが『クルアーン』なのです。7世紀半ば頃のことです。

●『クルアーン』の成り立ち

ムハンマドが存命中は、神から受けた啓示を信徒たちに伝え、信徒たちはそのことばを暗記して口伝としていました。**ハーフィズ**というクルアーン専門の暗記者によって伝承されていたのですが、混乱期になって多くのハーフィズが亡くなることで、**初代カリフ（宗教共同体の最高指導者）**アブー・バクルはクルアーンを残すために第1回目の結果（編纂すること）を行ないました。

第3代カリフ、ウスマーンは第2回目の結集に着手し、現在のクルアーンが成立したのです。クルアーンとは声を出して読むというアラビア語の意味で、どこの国の信徒でも原文で読まなければなりません。翻訳されたものは、解説書でしかないと解釈されるのです。

114章から成るクルアーンは、文学的にも高い評価を得る文章で、節の長いものから短いものの順で配列されています。

内容は、天地創造、信仰に対する日常的な儀式などについて美しい韻文形式で表現されたものが、収録されています。

聖典

イスラム教の教典

『クルアーン』
………ムハンマドに神が与えた聖典

『クルアーン』は、アッラーのことばを記した最も重要な聖典

最初に啓示があったヒラー山の出来事から、ムハンマドが死ぬまでの23年間に授けられた啓示がすべて収録されている

『クルアーン』の成り立ち

神から受けた啓示を信徒たちは暗記して口伝とした
↓
ハーフィズ
↓
クルアーン専門の暗記者により伝承

◆632年 ムハンマド死去
初代カリフ アブー・バルク
◆634年
◆644年
第3代カリフ ウスマーン
◆656年

第1回目の結集 → 第2回目の結集 → 現代の『クルアーン』

『クルアーン』の内容

○114章からなり、章の長いものから短いものへと順に並べられている
○アラビア語以外のものは認められない…解説書と解釈される
○文章は韻文形式で美しく、文学的にも価値のあるものとされている

イスラム教の法律

3-7

●イスラム教徒の規範

『クルアーン』には神のことばが記されていますが、ムスリムとしての義務の具体的な点や細かい法律についてはふれられてはいません。日常的な問題について判断のできないことについては、ムハンマドの言行録『**ハディース**』を参考にするなどしていましたが、より専門的な法律問題に対応するために生まれたのが、**イジュマー**（共同体の学者による合意）や**キヤース**（法学者の類推）などの学者によるものです。

そしてこの4つが**シャリーア**と呼ぶ、イスラム教の規範となる法律のことなのです。シャリーアは現在でもサウジアラビアなどでは基本的な法律として、一般のイスラム教徒の日常生活に適用されています。

●シャリーアの構成

シャリーアのことばの意味は、命につながる道などと訳され、法律といっても道徳律に近いものです。人が人として行なうべき規範を定めたもので、**イバーダート（儀式的なもの）**と**ムアーマラート（法的なもの）**に分けられます。殺人、窃盗、豚肉を食べた場合の行為はムアーマラートに該当し、禁止行為で罰則があります。

礼拝や断食など義務づけられている行為、喜捨など行なったほうがよい行為、行なってもよい許容される行為、離婚や中絶など行なわないほうがよい行為などには罰則はありませんが、これらシャリーアに従って生活を送っているのです。

神によって定められたシャリーアは、改定されるということは許されないのですが、シャリーアは、時代の流れに則して適用してきたというのが実情のようです。

イスラム教徒の規範

シャリーア　イスラム教の規範となる法律

- **『クルアーン』**　神のことばを記したもの
- **『ハディース』**　ムハンマドの言行録
- **イジュマー**　共同体の学者による合意
- **キヤース**　法学者の類推

シャリーア
- イバーダート（儀式的なもの）
- ムアーマラート（法的なもの）

↓ 禁止行為で罰則あり

・殺人　・窃盗　・飲酒
・豚肉を食す　・偶像崇拝

☆なぜ**飲酒**をしてはいけないのか

ムハンマドの生前には酒は禁止されてはいなかった。しかし飲酒が原因で礼拝ができなかったり、正気を失って1日5回の礼拝を忘れることになるために飲酒は禁止されるようになった
現在では国によって違う

全面禁止の国	原則禁止の国	飲酒可の国
イラン サウジアラビア クウェート　など	シリア カタール　など （外国人のみ可）	バーレーン ヨルダン　など （購入可）

☆なぜ**豚肉**を食してはいけないのか

『クルアーン』のなかに豚肉は食べてはいけないと明記されている
牛肉、鶏肉は禁止されてはいないが「ビスミッラー」（神の御名によって）と唱えて頸動脈を一気に切った肉でなければならないとされている

イスラム教の終末観

3-8

●終末観

終末の日に天変地異が起こり、世界が滅亡するという考え方は、ユダヤ教やキリスト教などほかの宗教と共通するものです。天国と地獄に最後の審判で振り分けられるところも、キリスト教と同じとらえ方をしていますが、天国と地獄の描かれ方にはイスラム教独特のものがあります。とくに天国に対する具体的なイメージは、ジハード（聖戦）での殉教者に約束されていることから、殉教を怖れることのない精神的支柱を形成する役割りに大きく影響していると考えられているのです。

イスラム教徒も天国のリストに入れられ、天使が吹く終末のラッパの音で、死者は復活します。最後の審判を受けると、天国と地獄へ分けられます。死後の世界も神の意思によって決められるのです。

●この世は仮の世

イスラム教の来世観で特徴的なことは、この世は仮の世であって、重要なのは来世なのだと考えるところです。この世に生きているのは、来世に天国で幸福に過ごすための準備期間として、深く信心するためだというのです。イスラム教を信仰することは、この世での出来事を悔い改めるために必要なのです。

来世で天国へ行くことができるならば、限りなく湧く豊かな水と、見たこともないほどに美しく咲き誇る色とりどりの花々に囲まれて永遠に幸福に暮らすことが約束されるのです。一方、地獄へ落ちた者は、永遠の炎に焼かれ続け、辛く苦しい生活を送らなければならないのです。

灼熱地獄のイメージは、砂漠という気候風土に大きく関係しているようです。

イスラム教の終末観

終末観　終末の日に天変地異が起こり世界が滅亡する

殉教者 ―― イスラム教徒 ―― 非イスラム教徒

- 殉教者：ジハード（聖戦）での殉教者には約束されている → 天国
- イスラム教徒：天国のリスト
- イスラム教徒・非イスラム教徒：最後の審判を受けて、天国と地獄へと分けられる
死後の世界も神の意思により決められる → 天国／地獄

イスラム教の来世観

この世は仮の世、重要なのは来世であると考える

▼

この世で生きているのは、来世に天国で幸福に過ごす準備期間

▼

イスラム教を信じてこの世の出来事を悔い改める

天国と地獄のイメージ

天国
限りなく湧く豊かな水と、花々に囲まれ永遠に幸福に暮らす

地獄
永遠の炎に焼かれ続け辛く苦しい生活を送る

イスラム教の変遷①

正統カリフ時代

3-9

●正統カリフの誕生

630年にメッカを制圧してから2年後、ムハンマドは亡くなります。するとイスラム共同体（ウンマ）内部は混乱しますが、合議によってムハンマドの後継者（カリフ）、**アブー・バクル**を選びます。バクルはムハンマドの親友であり、初期のイスラム信徒でした。

初代カリフとなったアブー・バクルはウンマを治め、メディナ周辺地域での紛争を解決し、アラビア半島統一を進めます。続く第2代カリフとなった**ウマル**時代にはさらに勢力をのばし、エルサレムやエジプトへと支配を拡大していきます。しかし支配地域の拡大が急であったために、遊牧中心の生活を続けていた人々まで兵士として狩り出されることに対する不満などがくすぶりはじめたのが、この頃のことでした。

3代目カリフ**ウスマーン**になると、2代目カリフウマル時代の問題が表面化し、ウスマーンの実家であるウマイヤ家の縁者を登用したことを契機に、一部の兵士らによって反乱が起こり、ウスマーンは暗殺されてしまいます。ウスマーンは、在任中に『クルアーン』の編纂に尽力したことでも知られています。

●正統カリフ時代の終焉

第4代目のカリフを継承した**アリー**の頃になると、ウンマ内でのカリフの座をめぐる内部争いはますます激しくなり、ウマイヤ家との争いが内乱にまで広がり、その結果アリーは対立する**ムアーウィヤ**によって、暗殺されてしまうのでした。

初代から4代までのカリフを正統カリフと呼ぶのは、ウンマの合議によって選出されたカリフだからです。

正統カリフ時代

- ○630年、メッカ制圧の2年後にムハンマドは亡くなる
- ○イスラム共同体（ウンマ）内部は混乱するが、合議によって後継者（カリフ）を選ぶ—アブー・バクル～アリーまでの4代を正統カリフと呼ぶ

630年	ムハンマド死去		
632年～634年	アブー・バクル	初代カリフ	ムハンマド死後の混乱を治める
634年～644年	ウマル	第2代カリフ	『クルアーン』の美しい文章にふれて信徒になる
644年～656年	ウスマーン	第3代カリフ	実家ウマイヤ家登用がもとで暗殺される
656年～661年	アリー	第4代カリフ	ウマイヤ家との対立から紛争に。のちに暗殺される

ムハンマドと正統カリフの略図

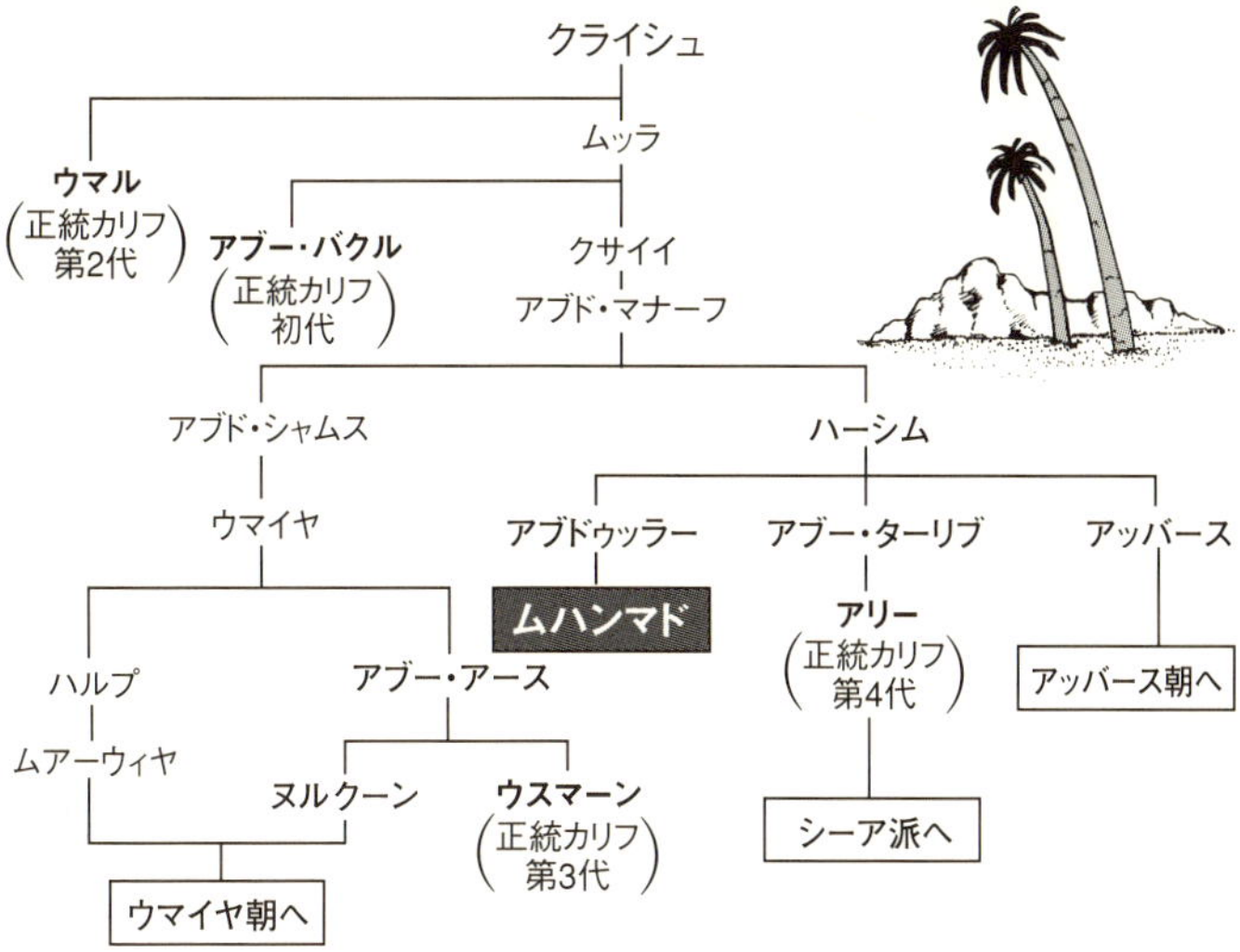

3-10

イスラム教の変遷②
ウマイヤ朝時代

●イスラム最初の王朝

第4代カリフ、アリーの後に、ウマイヤ家のムアーウィヤがカリフの座に着いたのは661年のことです。それまでの合議制で決められたカリフとは異なり、ムアーウィヤ以後は世襲制をとり約100年間にわたり、イスラム最初の王朝**ウマイヤ王朝**を築きます。

ウマイヤ朝も正統カリフ時代に引き続き、イスラム教とともに支配地域を拡大してゆきます。西はイベリア半島から東はインダス川流域周辺まで勢力を広げる一方、アラブ人以外の信徒もふえ、主導権争いも根強く続き、内政は安定している状態ではありませんでした。

●アラブ人優先主義

ウマイヤ朝では行政用語をアラビア語に統一、官僚制の確立など中央集権化が進められました。

またアラブ人による特権的支配構造は、アラブ人以外のイスラム教徒の反発を大きくしました。税の負担にしても、アラブ人は**ザカート（喜捨）**だけが課せられたのですが、アラブ人以外はそのほかにも**シズヤ（人頭税）**や**ハラージュ（地租）**といった重い負担が強いられたのです。

同じイスラム教徒でありながら、平等ではないことに不満をもつ非アラブ人と、ウマイヤ朝を認めずアリーの子孫こそが指導者であると考える一派は、ウマイヤ朝打倒の方向へと団結してゆくことになります。ムハンマドの叔父アッバースの子孫アブー・アルアッバースらによって、ウマイヤ朝は滅亡します。

イベリア半島に逃れたウマイヤ一族は、その地で後ウマイヤ朝を設立し、イスラム文化を開花させるのでした。

ウマイヤ王朝

第4代正統カリフ、アリーのあとムアーウィヤがカリフの座につくと以後カリフは世襲制となる、イスラム最初のウマイヤ王朝成立

661年
ウマイヤ家のムアーウィア
カリフに

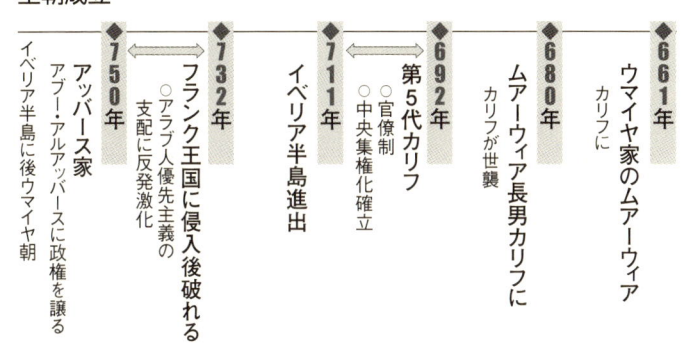

680年
ムアーウィア長男カリフに
カリフが世襲

692年
第5代カリフ
○官僚制
○中央集権化確立

711年
イベリア半島進出

732年
フランク王国に侵入後破れる
○アラブ人優先主義の支配に反発激化

750年
アッバース家
アブー・アルアッバースに政権を譲る
イベリア半島に後ウマイヤ朝

ウマイヤ朝までの支配領土

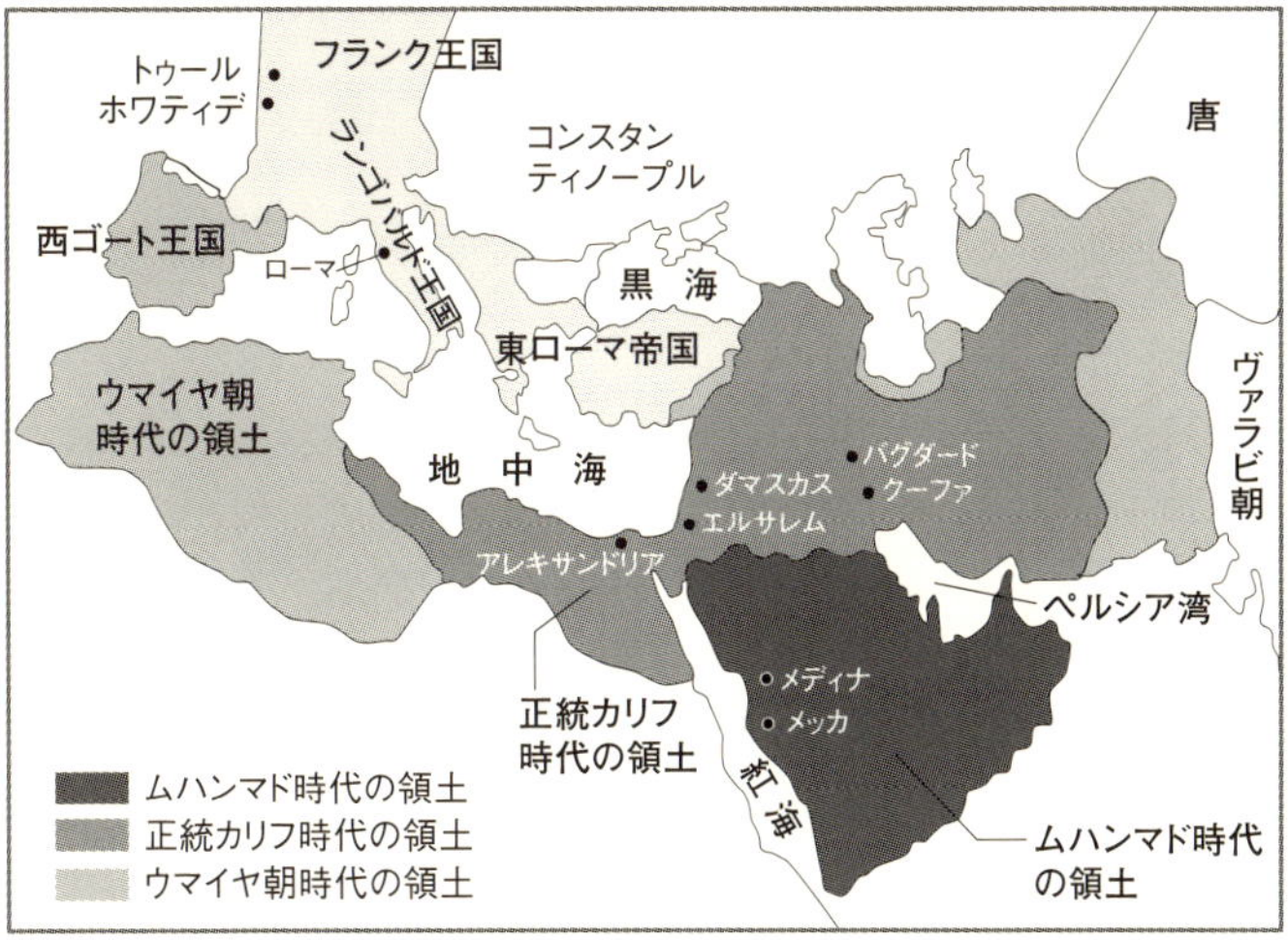

イスラム教の変遷③

スンニ派とシーア派

3-11

●イスラム共同体の分裂

ウマイヤ朝が成立するまでの内紛の過程で、イスラム共同体（ウンマ）は後継者問題をめぐって大きく二つに分裂しました。ウマイヤ朝初代王となるムアーウィヤに代表される**スンニ派**と、第4代正統カリフ、アリーとその子孫のみが後継者だとする**シーア派**です。

聖典『クルアーン』やイスラム法のシャリーアについては両派同一ですが、違うところは**イマーム（指導者）**についての考え方にあります。スンニ派は正統カリフはもちろん世襲のウマイヤ朝カリフも認めるのですが、シーア派はアリー以外のカリフを認めないのです。ムハンマドの子孫であるアリーの血を引く者のみがイマームであるとするのです。

スンニ派（サウジアラビア、クウェートなど）、シーア派（イランなど）の闘争は、今に引き続いています。

●スンニ派とシーア派の特徴

現在イスラム教の9割のムスリムが支持しているのがスンニ派です。スンニの意味は、ムハンマドが提唱した考え方に則した、ムスリムの行動規範のことです。シーア派に比べて柔軟な立場をとるスンニ派は、敬虔なイスラム教徒ではあるけれど、共同体の維持も含めて理想的な社会の創造を考えているものといってよいでしょう。

他方シーア派は、現在ではイスラム教の少数派となっています。イマーム（指導者）はアリーの子孫でなければならないと固執するために、さらに宗派の数をふやして複雑化しているのが現状です。そのなかで主流となっているのは、**12イマーム派**です。

イスラム共同体の分裂

聖典『クルアーン』やシャリーアについては両派同一だがイマーム（指導者）の考え方に違いがある

スンニ派とシーア派の特徴

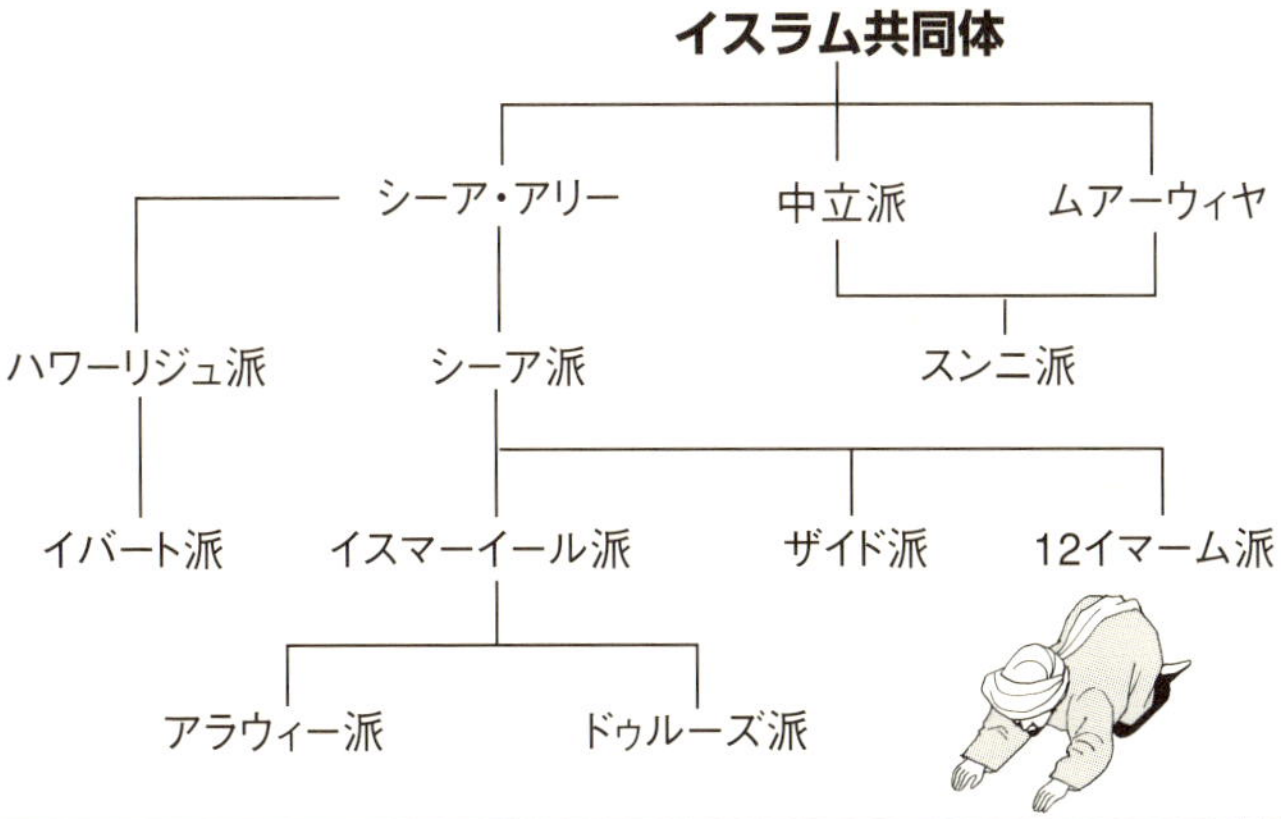

シーア派		スンニ派
約1割	信者割合	約9割
『クルアーン』	聖典	『クルアーン』
歴代イマームの言行	イスラム法（シャリーア）	イジュマー（合意）
アリーの子孫（最高指導者）	イマームの考え方	カリフの尊称あるいは礼拝の際の指導者

イスラム教の変遷④ アッバース朝時代

3-12

●アッバース朝の成立

ウマイヤ朝のアラブ帝国支配に不満をもつ一派とアブー・アルアッバースらによって倒されたウマイヤ朝のあとには、**アッバース朝**が成立します。アブー・アルアッバースを初代カリフとしたアッバース朝は、アラブ人優先主義であったウマイヤ朝のやり方を改め、イスラム教徒の平等を掲げ、イスラム法による統治を推し進めてゆきます。

イスラム国はアッバース朝時代もさらに占領地を拡大してゆきますが、決して強引ではなかったところがひとつの特徴といえます。占領地で降伏した者には土地の所有を許し、納税さえすれば信仰の自由も認められました。これはイスラムの共存の教えによるものでした。実際イスラム教への改宗をする者も多く、北アフリカのモロッコ、中央アジア西部地域にまで領土を広げ信徒をふやしたのです。

●国際都市バグダード

762年には、首都が**バグダード**へ移されイスラム文化の中心地として繁栄します。アッバース朝が最盛期を迎える800年頃には、中国、インドのほかギリシアとも交易するようになり、商業・工業・文化が発達し、バグダードは文化と宗教を含む国際的交易地、要衝地として栄えたのでした。バグダードは現在のイラン東部地域にあたります。

アッバース朝は、１２５８年まで続くのですが、9世紀の半ば頃からは分裂抗争が繰り広げられるようになります。シーア派の**ブワイフ朝**、イベリア半島の後ウマイヤ朝やエジプトの**ファーティマ朝**がそれぞれカリフを擁立し、絶対的権力で共同体を治めるイスラムの時代は終わりを告げるのでした。

アッバース朝の成立

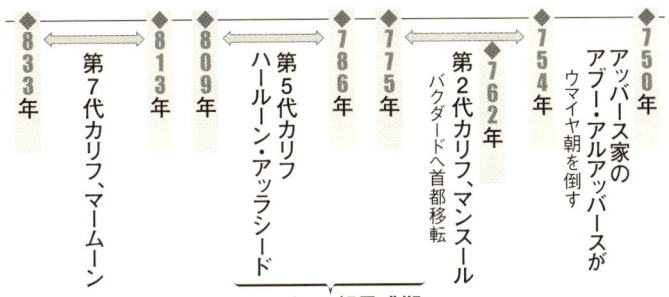

- 750年　アッバース家のアブー・アルアッバースが ウマイヤ朝を倒す
- 754年〜775年　第2代カリフ、マンスール
- 762年　バグダードへ首都移転
- 786年〜809年　第5代カリフ ハールーン・アッラシード
- 813年〜833年　第7代カリフ、マームーン

アッバース朝最盛期

ウマイヤ朝とアッバース朝の税制

アッバース朝の税制（全イスラム教徒を平等とする）		ウマイヤ朝の税制（アラブ人優遇）
ハラージュを負担	アラブ人ムスリム	喜捨（ザカート）だけを負担する
ハラージュを負担	アラブ人以外のムスリム（マワーリー）	シズヤ（人頭税）とハラージュ（地租）の負担
シズヤとハラージュを負担	異教徒（ジンミー）	シズヤ（人頭税）とハラージュ（地租）の負担

アッバース朝の勢力範囲

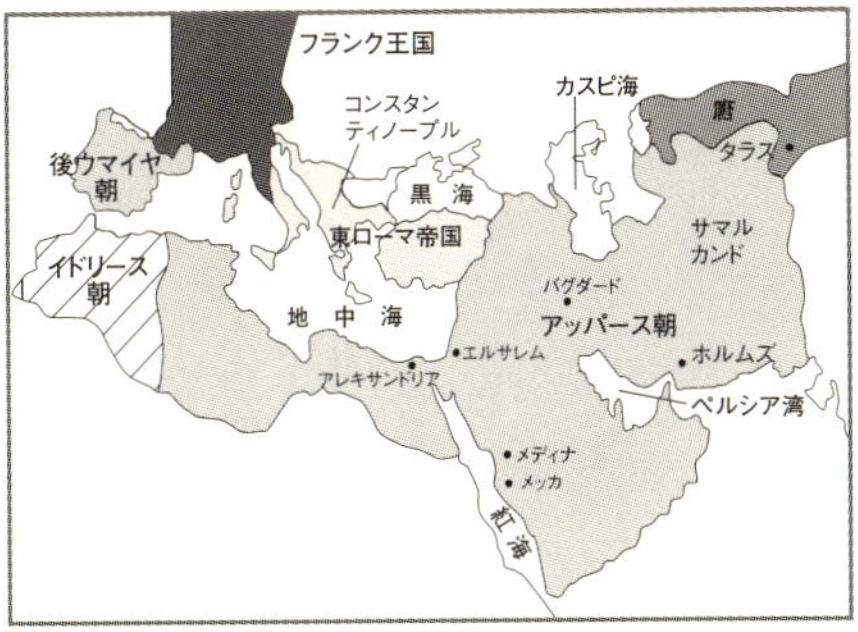

- アッバース朝時代も、占領地を拡大してゆく
- 762年には首都がバグダードへ移されイスラム文化の中心地として繁栄する
- アッバース朝は1258年まで続く

3-13

十字軍とモンゴル帝国

●十字軍の遠征

アッバース朝が衰退すると、カリフの権力も失墜し、アラブ人を主体として発展してきたイスラム教は、非アラブ人らによって支えられるという現実に直面することとなりました。それでもイスラム教徒にとって、アッバース朝の存在は精神面での大きな支えとなっていたのです。

11世紀になると、イスラム世界を十字軍が襲撃してきます。聖地エルサレム奪回を名目に、殺戮と略奪を繰り返しイスラム世界の破壊を行なったキリスト教徒に対して、それまで寛容であったイスラム教徒も激しい憎悪を抱くようになったといいます。

約200年にわたる十字軍の遠征で、精神的にも物質的にも打撃を受けたイスラム世界でしたが、さらなる侵入を受けることになります。

●モンゴル帝国の侵入

13世紀に入ると、カリフの形骸化で衰退していたアッバース朝は、**モンゴル帝国**の侵入にあえなく陥落し、１２５８年にはアッバース朝がモンゴル軍によって滅ぼされます。

１２９５年には、モンゴル人らによって**イル・ハン国**が建国されます。モンゴル人たちは宗教に対しては強硬な姿勢をとることもなく、7代**ガザン・ハン（国王）**はイスラム教に改宗をするなど、モンゴル人のイスラム化が促進されることとなりました。

イル・ハン国は中国の元の一部であったことから中国との文化的交流が活発化し、その影響から中央アジアにまで交易を通じてイスラム教が広がることになり、イスラム教はあらたな拡大を遂げるのでした。

王朝の変遷

アッバース朝の衰退 ―― カリフの権力失墜、非アラブ人の台頭

→ 衰えているとはいえ存在していることは、イスラム教徒にとって精神的支えであった

11世紀、十字軍による襲撃はイスラム世界に大打撃を与える
13世紀になるとモンゴル帝国が侵入。1258年アッバース朝滅亡

661年
ウマイヤ朝
○中央アジア、北アフリカを支配

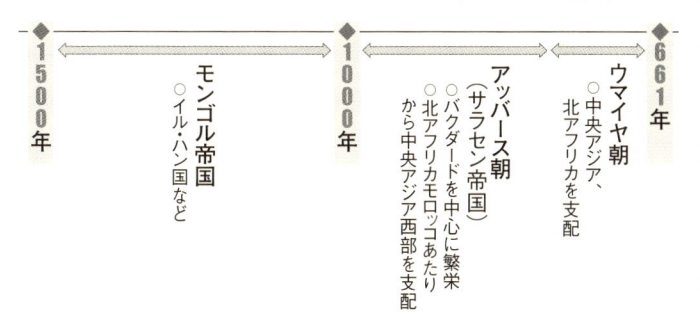

アッバース朝（サラセン帝国）
○バクダードを中心に繁栄
○北アフリカモロッコあたりから中央アジア西部を支配

1000年
モンゴル帝国
○イル・ハン国など

1500年

モンゴル帝国は、チンギス・ハンによって建国された。チンギス・ハンの亡くなったあと孫フラグによってバクダードに侵入される

13世紀のイスラム世界

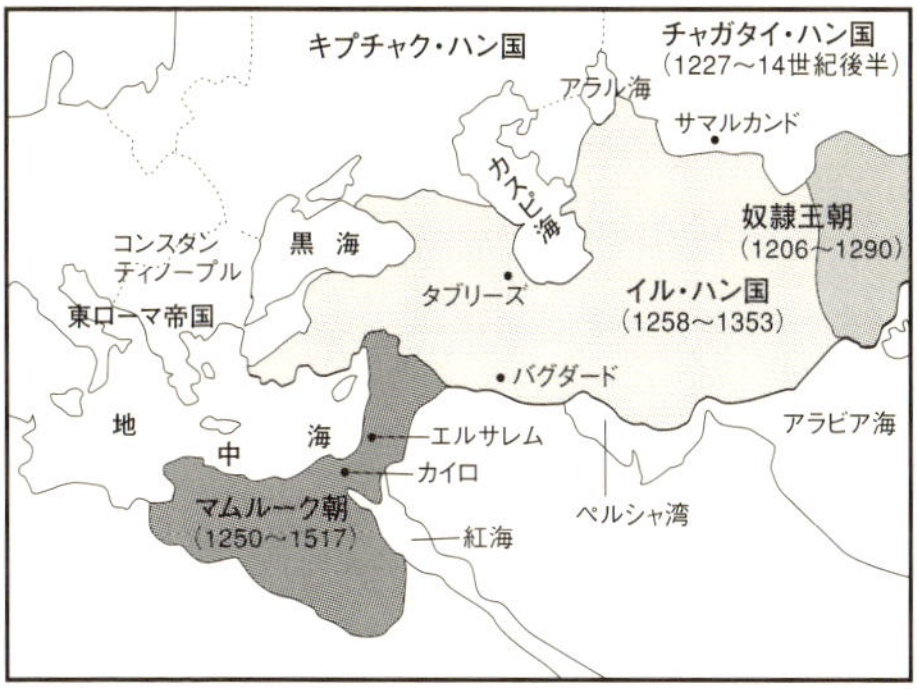

- アッバース朝はモンゴル帝国によって亡ぼされ、イル・ハン国を樹立
- アッバース朝カリフの子孫はマムルーク朝へ

オスマン帝国の支配

3-14

●オスマン・トルコの出現

13世紀末期にモンゴル帝国が衰退すると、新しい勢力が起こってきました。**オスマン帝国**がそのひとつです。オスマン帝国とは、イスラム教の戦士であったオスマン・ベイが樹立したオスマン・トルコ帝国で、東ローマ帝国を滅ぼしてコンスタンティノープルをイスタンブールと改名して首都と定めるなど、大躍進するのです。

16世紀になると、シリアやメソポタミアなどのエジプトも征服し、600年間以上もの長い期間にわたり繁栄を続けることになります。オスマン・トルコはイスラム法による支配体制を敷いて、理想的といわれる治世を行なったのです。

●理想のイスラム支配

のちに理想的とされたイスラム支配の方法はというと、シャリーアによる徹底した支配の構造でした。

軍事・政治・宗教を司る者、法律は**ウラマー（イスラム法学者）**、といった権力範囲を明確にすることで、体制を強化したのです。

なかでもウラマーを中心に、**カーディー（裁判官）**と**ムフティ（法の権力者）**を有効に機能させ、軍事・政治の抑止力としたところが画期的だったのです。

またオスマン帝国では、異教徒に対しては**ミッレト制**（非イスラム信徒が居住する宗教自治体）を採用するなどして信仰の自由や自治を認めたことも、特徴的な政策のひとつとなっていたのでした。

結果オスマン帝国は北アフリカから東ヨーロッパといった広い地域を占領し、イスラム世界の全盛時代を築きあげたのです。

オスマン・トルコの出現

13世紀末にモンゴル帝国が衰退。新しい勢力が起こる

1299年 **オスマン帝国**

北アフリカ〜東ヨーロッパ支配

イスラム世界の全盛期

- 1299年 オスマン・ベイ オスマン・トルコ建国
- 1326年 ●東ローマ帝国に進攻 ●バルカン半島進出
- 1413年〜1423年 メフメットⅠ世
- 1451年〜1481年 メフメットⅡ世 ●東ローマ帝国を亡ぼし イスタンブールに遷都
- 1520年〜1669年 スレイマンⅠ世
- 1669年 オスマン・トルコ全盛時代

理想のイスラム支配

シャリーアによる支配（イスラム教徒）

- 法律（ウラマー）
  - カーディー（裁判官）
  - ムフティ（法の権力者）
- 軍事 政治 宗教

軍事・政治の抑止力として機能させた

異教徒統治はミットレ（宗教共同体）で自治、信教の自由が認められた

ミットレ
- ユダヤ教徒
- ギリシア正教徒
- アルメニア教徒

★ONE POINT★

●ミッレト

オスマン帝国が占領したコンスタンティノープルはイスタンブールと改名。しかしその地はギリシア正教会総本部、アルメニア教会、ユダヤ教のシナゴーグなどがあり他宗教を認めるためミッレト（宗教共同体）が必要であった

スーフィズムの出現

3-15

●イスラム神秘主義

イスラム教布教について語るときに、忘れてはならない思想運動のひとつに**スーフィズム**があります。9世紀頃、イスラムの律法主義や形式主義に対する批判から起こったのが、スーフィズム（イスラム神秘主義）です。

もとは8世紀ウマイヤ朝時代に禁欲的な考え方からあらわれたもので、修行によって自我を捨て、神との一体化を究極の目的とするというものです。スーフィーたちは**スーフィズム教団**の**タリーカ**などと呼ばれる道場をつくり、修行をしました。

12世紀以降イスラム世界の多くのところにタリーカはつくられましたが、16世紀オスマン帝国では、神と一体化して踊りながら回る**メヴレヴィー教団**が知られています。

●スーフィーらによる布教

スーフィーたちは異教徒へはたらきかけ、布教活動も熱心に行ないました。スーフィーの多くは商人として世界中をめぐり、タリーカを建設して布教に努めました。

病気の治療をするなどしたために、主流のイスラムからは神を穢《けが》すものとして迫害を受けることもありました。

それでも現地の人々と密接にかかわる布教の方法は、形式主義に陥りがちなイスラム教を活性化することになり、人々の信頼を得ることにつながっていくのでした。

スーフィーの修行の内容は、断食や瞑想以外に現地に古くから伝わる伝統的な文化や習慣なども取り入れるなど、受け入れられやすい要因がいろいろとありました。彼らの布教によって、インドや東南アジアのイスラム化は進んだのです。

スーフィズム

9世紀頃、イスラムの律法主義・形式主義に対する批判から起こる

↓

スーフィズム
（イスラム神秘主義）

修行によって自我を捨て、神との一体化を究極の目的とするスーフィズム教団タリーカ（道場）を形成

スーフィーによる布教

スーフィーの多くは商人として世界中をめぐり、タリーカを建設して布教に努めた

→ 形式主義に陥りがちなイスラム教を活性化する

↓

人々の信頼を得ることにつながる

↓

インドや東南アジアのイスラム化が進んだ

スーフィーの時代的流れ

ヒンドゥー教（影響を受ける） ▷ 9世紀頃 **スーフィズム誕生**（イスラム神秘主義） ▷ 12～13世紀 タリーカ建設により各地に布教

ウマイヤ朝時代にイスラム教徒の本来の姿に戻ることを主張
（形式主義・世俗化）　（禁欲的な修行など）
して起こったスーフィーの草の根的な活動は、イスラム化に大きな影響を与えるが、17世紀頃には衰退した

インドのイスラム教

3-16

●10世紀インドへ伝わる

イスラム世界で、アッバース朝が衰退してくる10世紀頃に、インドへはイスラム教が伝わりました。13世紀になると、インド初のイスラム王朝が誕生し、**デリー・スルタン制**の王朝が続くことでイスラム教はインドに根づくことになります。

その頃のインドでは、**仏教**や**ヒンドゥー教**を信仰する人々が多く、偶像崇拝を認めないイスラム教は、仏教の信仰対象である仏像の数々を破壊したため、仏教はインドから一掃されることになります。ヒンドゥー教も偶像を崇拝するのですが、仏教よりも人々の生活に密着していたために、イスラム支配下にはおかれたものの自治が認められたのでした。

●ムガール朝時代に定着

1526年に**ムガール朝**が建国されると、スーフィーたちの活躍によってイスラム教が浸透し、第3代**アクバル皇帝**の時代にはインド最大といわれるイスラム社会を形成することになります。スーフィーが目指す神との一体化の考え方が、ヒンドゥー教と通じるところがあり、受け入れられやすかったのです。

17世紀～18世紀は、イスラムによるヒンドゥー教の弾圧が繰り返され、各地で争乱が起こります。またこの頃になると、イギリスによる植民地化政策が進み、それによりヒンドゥー教とイスラム教はそれぞれ独立を主張するようになるのです。つまり宗教の違いは、文化や社会習慣も違うものと考えることで、お互いを認めようとしたのです。

結果インド東部のイスラム社会と北西部のヒンドゥー社会は、インドとパキスタンに分離することになるのです。

インドのイスラム教

10世紀頃　インドにイスラム教伝わる
13世紀にはインド初の**イスラム王朝誕生**

→ デリー・スルタン制王朝により、イスラム教が根づく
↓
カースト制度のもとにあった、下層民の間に受け入れられた
↓
1526年
ムガール朝
↓
1556年
アクバル帝の時代
（インド最大のイスラム社会）
イスラム教が定着する

スーフィーが目指す神との一体化の考え方がヒンドゥー教と通じる

12～13世紀頃のインド
↓ イスラム化
○**ヒンドゥー教**
（偶像崇拝をしていたが）生活に密着していたため、自治が認められた
○**仏教**
（偶像崇拝を認めない）イスラム教は
↓
信仰対象の仏像破壊
↓
仏教はインドから一掃される

イスラム教とヒンドゥー教の分離

17世紀～18世紀
イスラムによるヒンドゥー教の弾圧 → 各地で争乱
↓
イギリスの植民地化政策 ＜ ヒンドゥー教／イスラム教 ｜ 宗教の違いは文化、習慣の違い

★ONE POINT★

● **カースト制度**
儀礼的な序列で各集団間には婚姻・食事などに関する規制がある。現在は弱まりつつあるが、世襲的な職業をもち、分業関係にある

3-17

東南アジアのイスラム教

●商人によるイスラム布教

イスラム教が東南アジア方面に伝わったのは、8世紀〜9世紀頃です。マレーシア、インドネシアには古くから民間に根づいた精霊信仰やヒンドゥー教、仏教などが浸透していたためイスラム教が受け入れられる素地がなかったのです。

アッバース朝時代にイスラム帝国が勢力を広げている頃に、インドから東南アジア方面にイスラム化が進むのですが、それは商人らによるものでした。イスラム商人やインドのイスラム化した商人たちは、交易を目的にやってきて、イスラム教の布教にあたりました。

それでも民間にイスラム教が普及するのは12世紀以降のことで、タリーカのスーフィーらが東南アジア方面にやってくるようになってからのことでした。

●マラッカ王国の出現

15世紀初めになって、イスラム教国家が東南アジアにもあらわれます。マレー半島にマラッカ王国が成立したのがそれです。アユタヤ王国では仏教、**マジャパピト王国**ではヒンドゥー教が崇拝されていたことに対抗して、**マラッカ王国**では勢力争いのためにイスラム教を採り入れたともいわれています。

その後、マラッカ王国と交易のあったマレー半島、インドネシアなどにもイスラム化は広がっていきます。

イスラム教が進展してゆくにしたがって、仏教、ヒンドゥー教は融合したり排斥されたりしていくのですが、バリ島では現在もヒンドゥー教が崇拝されています。フィリピンでは、イスラム教とキリスト教が混在している現状です。

東南アジアのイスラム教

8世紀～9世紀頃、イスラム教は東南アジア方面に伝わる

→アッバース朝によってイスラム帝国が栄えていた

↓

イスラム商人が交易のためにやってきて布教

この頃マレーシア、インドネシアには古くから民間に根づいた精霊信仰、ヒンドゥー教、仏教などが浸透していた

12世紀になって
イスラム教が民間に普及
タリーカによる布教

東南アジア各国のイスラム教

マレー半島――マラッカ王国……東南アジア初のイスラム王国
ジャワ島――マジャパヒト王国……ヒンドゥー教から改宗
タイ――アユタヤ王国……仏教
スマトラ島――アチュー王国……13世紀頃からイスラム化

15世紀頃の東南アジア

交易や植民地の影響で各種宗教が伝わった

中央アジアのイスラム教

3-18

●イスラム王朝ティムール帝国

中央アジアのイスラム教は10世紀頃には伝来していましたが、13世紀になってモンゴル帝国の頃になると、イル・ハン国で本格的にイスラム教が栄えました。中央アジアにはそれまではゾロアスター教やキリスト教を含め、さまざまな宗教が混在していたのですが、**イル・ハン国**、**チャガタイ・ハン国**などが出現するとイスラム化が進みました。

14世紀になると、チャガタイ・ハン国の**ティムール帝国**を建国しますが、中央アジアで最も盛んなイスラム教の王朝となります。一時ロシア正教が勢力を拡大してくることもありましたが、15世紀初頭にはオスマン・トルコとの戦いで勝利すると、イスラム教は再び力を得てイスラム化を進めるようになるのでした。

●宗教をめぐる対立の激化

600年間支配の続いたオスマン帝国は、その間他の宗教に対して寛容だったために、かえってのちになって宗教間にさまざまな問題を抱えることになります。

それでも20世紀半ば頃までは、宗教的に結びついた異民族間の紛争も表面化することはなかったのですが、20世紀終わり頃になると各地で独立を唱った紛争が勃発します。

ボスニア戦争（１９９２〜１９９５年）ユーゴスラビアから独立を目指したイスラム教徒とセルビア人の対立から始まりました。

チェチェン紛争（１９９４年〜現在まで）チェチェン共和国は、スンニ派が大多数を占める国ですが、ロシアからの独立問題に石油エネルギー問題が複雑にからみ紛争へと発展しています。

中央アジアのイスラム教

10世紀頃中央アジアへイスラム教伝来
13世紀にモンゴル帝国になると本格的に栄える
14世紀にティムール帝国を建国すると、中央アジアで最も栄んなイスラム教の王朝となる

モンゴル帝国
イル・ハン国
チャガタイ・ハン国
イスラム化

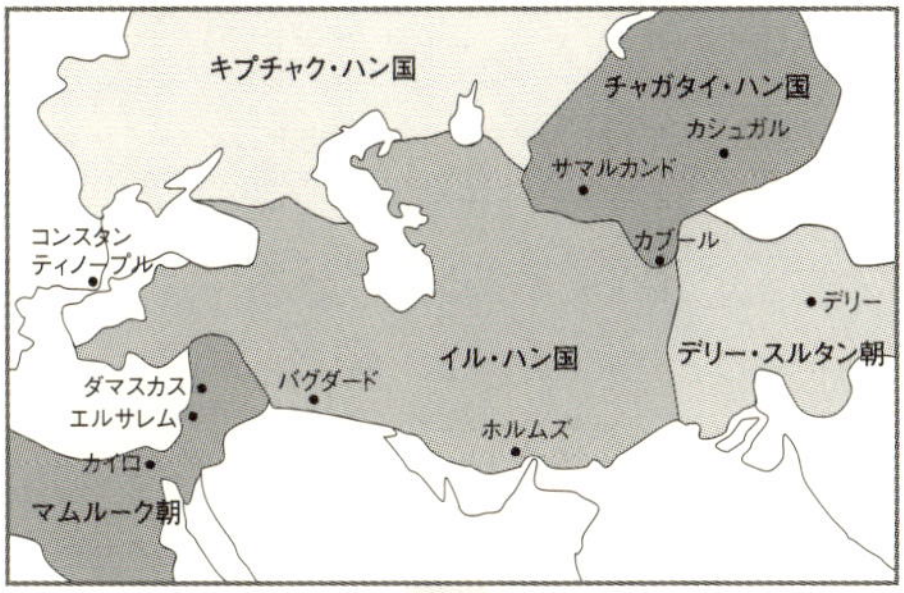

ティムール帝国
(1370～1500年)

チャガタイ・ハン国の
ティムールが建国

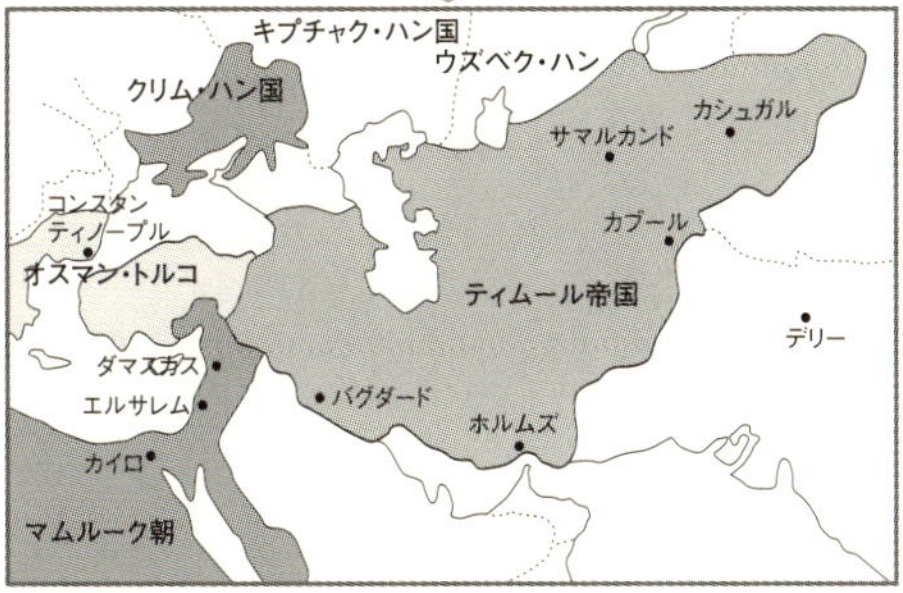

オスマン・トルコの滅亡

16世紀には地中海周辺をすべて支配したオスマン・トルコ帝国も、ヨーロッパ諸国に敗退し領土を失い衰退

19世紀になると宗教問題から民族紛争へ発展

3-19

アフリカのイスラム教

●正統カリフ時代にイスラム化

アフリカのイスラム教は、7世紀半ば頃正統カリフの時代にすでに布教が始まっていました。北アフリカ方面から侵入したイスラム勢力は、先住民の抵抗に遭いますがそれでもイスラム教に取り込まれていきます。

11世紀アッバース朝の頃になると、イスラム商人スーフィーたちがサハラ砂漠を越えてスーダンまで到達し、資源の豊富なこの地域に定住するようになりました。一方早くからイスラム化されていた北アフリカのイスラム王朝、**ムラービト朝**が勢力を広げるとイスラム化は一気に勢いをましていくことになります。

10世紀から15世紀頃に成立した**カムネ王国**は、11世紀にはイスラム教に改宗します。13世紀、15世紀に興った**マリ王国**、**ソンガイ王国**などもイスラム教王国となりました。

●東アフリカのイスラム化

広大なサハラ砂漠を、ラクダの隊商を組んでやってきたスーフィーたちも、東アフリカまで来ることはありませんでした。

15世紀中頃になると大航海時代が始まり、東アフリカへは新しい航路が開かれ、イスラムの商人たちは船で大陸へ渡るようになります。ソマリア、タンザニアの港からイスラム商人は上陸しました。

その後アフリカはヨーロッパ各国の植民地となるところが多く、キリスト教化される地域もありますが、アフリカ北部、中部、東部のイスラム教国は現在もイスラム信仰が続いています。

北アフリカは現在でもイスラム教国が多数存在しますが、内紛の多い地域でもあります。

アフリカのイスラム教

7世紀半ば頃、正統カリフの時代に布教が始まった
11世紀アッバース朝の頃、イスラム商人スーフィーによって布教

先住民ベルベル人による
1056年　ムラービト朝建国 ⟶ アフリカは一気にイスラム化
（イスラム王朝）

11世紀　カムネ王国 ⟶ 11世紀にイスラム教に改宗
13世紀　マリ王国 ⟶ イスラム教王国となる
15世紀　ソンガイ王国 ⟶ イスラム教王国となる

○北アフリカはスーフィーらによって交易とともに布教活動が行なわれた

東アフリカのイスラム教

15世紀半ば頃、大航海時代になると新しい航路が開かれイスラム商人、スーフィーたちは東アフリカへ渡った

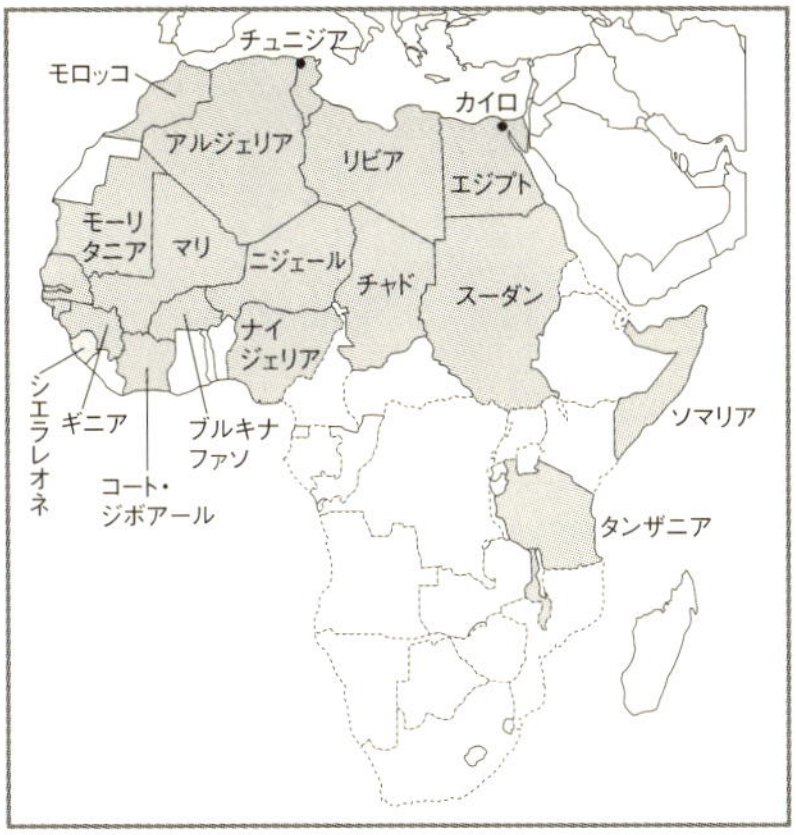

アフリカのイスラム教国

- 北アフリカに集中している
- 東アフリカ、ソマリア、タンザニアなどは大航海時代にイスラム化した

アフリカのイスラム教

3-20

日本のイスラム教

●日本人ムスリム

イスラム教は、10世紀頃には日本の近隣国中国や東南アジア付近に伝来していましたが、日本にまでやってくることはありませんでした。

中国あるいは東南アジアの国々でもそれほどイスラム教が浸透することがなかったことが、日本にイスラム教が伝わらなかったひとつの理由といえます。

日本にイスラム教徒が出現するのは、明治時代にインドのムンバイに商用で出向き、イスラム教徒となった日本人**有賀文八郎**が、帰国してからのことといわれています。20世紀初期には、東京、神戸、名古屋などにモスクも建設され、イスラム関係の諸機関なども設置されましたが、広く普及するということはありませんでした。

●少ないイスラム教徒

イスラム教関連の書籍や『クルアーン』が日本で出版されるのは、19世紀末から20世紀の初めの頃にかけてのことです。

それでも日本にイスラム教徒がふえるということは、ありませんでした。

現代になって、国際結婚の増加にともなってわずかにイスラム教徒となる人がいたり、イスラム共同体（ウンマ）での強い結びつきに魅了されて信仰を始める人がいるようになったものの、基本的に日本人とイスラム教とはあまり相性が良いといえるものではないようです。

そのわけは、イスラム教の戒律が厳し過ぎるという点があります。

六信五行を厳しく守ることが課せられるイスラム教は、念仏を唱えて神の加護を得ようとするものとは大きな違いがあるからです。

日本のイスラム教

日本にイスラム教が入ってきたのは遅く、19世紀になってから。10世紀頃には日本の近隣国中国や東南アジアまで伝来していたが、日本にまではやってくることはなかった

明治期になってイスラムと交流ができるようになってから

20世紀初期になって東京、神戸、名古屋などにモスクが建設される ▷ しかし、広く普及することはなかった

少ない日本のイスラム教徒

19世紀から20世紀初めに、イスラム教関連書籍、『クルアーン』出版

イスラム教は日本には根づかない

↓ 最近になって

○ **国際結婚のためにイスラム教に改宗する人**
○ **イスラム共同体（ウンマ）での強い結びつきから信仰する人**

などがでてきた

☆日本人は **念仏を唱えるだけ** で、神の加護を得ようとする

→ **厳しいイスラムの戒律とは相容れない**

3-21

イスラム原理主義

●原理主義とは

原理主義ということばはイスラム教にはありません。英語のファンダメンタリズムを訳したもので、もとをただせば原点に戻る意味のキリスト教徒の運動をイスラム教に転じて使っているのです。

イスラム原理主義の考え方は、イスラム復古運動、イスラム教への回帰運動から始まったのです。第二次世界大戦後に、植民地支配から独立した中東の国々が経済発展を目指したのですが、その結果失業問題やインフレなどが起こり、イスラム社会に貧富の差が生じました。

イスラムの教えは、神の前にすべての人は平等でなければならないはずでしたがその教えに反しているために、原点に戻る運動を始めようとしたのです。

それが復古運動であり回帰運動だったのです。初期のイスラム教に戻る運動を、欧米の人々が原理主義と表現をしたので、このように呼ばれるのです。

●過激派の出現

イランの親米派の国王を追放したシーア派の**ホメイニ師**が、１９７９年にイスラム国家を成立したのがイラン革命です。イラン革命を契機としてイスラム教の回帰運動は激しさをましました。過激派グループは、イスラム社会を守るためには武装闘争も辞さないと考える人々で構成されるもので、原理主義と過激派とは同じものではありません。イスラム原理主義の一部が過激派なのです。

国際的なイスラム過激派集団として有名なのが、**ウサマ・ビンラディン**が率いる**アルカイーダ**です。

3 イスラム教

原理主義とは

原理主義とは、英語のファンダメンタリズム、原点に戻るのキリスト教徒の運動をイスラム教に転じて使っている

イスラム原理主義

イスラム復古運動
イスラム教への回帰運動

から始まった

第二次世界大戦後、植民地支配から独立した
中東の国々が経済発展を目指した

その結果　○失業問題　○インフレが起こる
イスラム社会に貧富の差が生じた

イスラム教の教えは、神の前にすべての人は平等でなければならない、その教えに反しているため、原点に戻る運動

イスラム復古運動
イスラム回帰運動

これを原理主義と表現した

過激派の出現

1979年原理主義者シーア派のホメイニ師がイスラム国家成立
（イラン革命）

このときから過激派といわれる武闘派集団があらわれた

イスラム教の儀式と行事

3-22

●イスラム教の儀式

イスラム教を信仰するということは、五行に定められた（92ページ参照）ムスリムとしての行ないを守ることが義務となっていますが、そのほかにも一生を通じて決められた儀式や行事といったものがあります。

子どもが誕生すると、7日目に行なわれる命名式があります。子どもの右耳に「アッラー以外に神はない。ムハンマドはアッラーの使徒である」と唱え聴かせます。また男児には12歳頃までに**割礼**が行なわれます。成人式といった規定はとくに定められてはいませんが身体的に機能が発達したものを大人として認めるのです。女性にとって結婚は早いほどよいとされていて10代で結婚することも多く、男性も結婚をしてはじめて一人前と見なされるようです。そして一生に一度メッカへの**巡礼**（ハッジュ）を行なうことが、大切な儀式と考えられています。

●イスラム教の行事

イスラム教の宗教行事は、西暦ではなく独自の**ヒジュラ暦**によって行なわれます。ヒジュラ暦は、西暦622年を元年と定めた太陰暦のことで、ムハンマドがメディナに移住したときから採り入れられたものです。

祝祭日の行事は、イスラム各宗派によって違いがありますが、共通の祭（**イード**）には**イード・アル・フィトル**（**断食明けの祭事**）、**イード・アル・アドハー**（**犠牲祭**）などがあります。別名大祭とも呼ばれるイード・アル・アドハーは、ヒジュラ暦第12月の8日から10日までに定められたメッカへの巡礼の最後の日に行なわれるもので、羊、山羊、ラクダなどの家畜を犠牲に捧げるものです。

イスラム教の儀式

五行に定められたムスリムとしての行ないを守ることのほかに一生を通じて決められた儀式がある

子どもの誕生 ～ 12歳頃までに	7日目に命名式 男子には割礼
結婚	男性は結婚してはじめて一人前 女性は早いほうがよい
巡礼（ハッジ）	一生に一度メッカへの巡礼を行なうこと

など

イスラム教の行事

イスラム教の宗教行事は、独自のヒジュラ暦によって行なわれる

西暦622年―元年とする（太陰暦）

ヒジュラは、ムハンマドがメディナに移住したとき

イスラム教の祝祭日

イード・アル・フィトル（断食明けの祭事）

イード・アル・アドハー（犠牲祭）……別名大祭とも呼ばれる

ヒジュラ暦第12月の8日～10日までに定められたメッカへの巡礼の最後の日に行なわれる。

羊、山羊、ラクダなどの家畜を犠牲に神へ捧げる

アーユルヴェーダ

インド式マッサージのアーユルヴェーダというのをご存知ですか。日本ではヘッドマッサージとして、不眠や頭痛に効果があることで、女性の間に人気のマッサージです。ハーブオイルを頭や額に垂らして行なわれるマッサージ、アーユルヴェーダとは、インドの伝承医学で仏教と深いかかわりがあるのです。

アーユルは生命、ヴェーダは科学を意味するインド医学を、仏陀は教団の信者への説法に取り入れていたのです。

仏陀の説法は、一方的に自分の思いを説くのではなく、相手の能力や性格などから判断して、一人ひとりにそれぞれ違った方法でわかりやすく教えるというものでした。そのときに、人々が関心をもつ医療や健康に関する情報で相手の興味を惹きつけたのです。

仏陀が情報源としたのが、この時代の医学アーユルヴェーダでした。医師が患者の体調を診断するように、仏陀は個人個人の違いに合わせて教えを導いたといいます。

仏典にも仏陀が語った医療について、とくに三蔵のなかの律にいくつもの記述があります。仏教と結びついたアーユルヴェーダは、仏教とともに世界へ普及していったのです。

第4章 仏教

4-1

仏教のおこり

●ゴータマ・シッダールタの誕生

のちに仏陀と呼ばれる**ゴータマ・シッダールタ**は、紀元前5世紀～4世紀頃北インドの釈迦族の王子として生まれました。シッダールタは生後すぐに歩き始め、**天上天下唯我独尊**（てんじょうてんがゆいがどくそん）といったと伝わります。シッダールタを生んで7日後に、母は突然亡くなります。母の妹に育てられたシッダールタは、王子として不自由なく生活してはいたものの、ときに物思いにふけるような少年だったようです。16歳になると一族の娘と結婚をし子どももうけ幸せに暮らしていました。

あるとき城外へ出かけようとしたシッダールタは、南門で病人、西門で死人、東門で老人に出会い、そして北門で修行者に会います。生きることの辛さと修行者の姿から出家を決めたシッダールタは、すべてを捨てて修行に出ました。29歳のときのことです。

●悟りを開き仏陀となる

妻子を置いて修行に出たシッダールタは、自らに厳しい苦行を課し山林にこもります。苦行の間にはさまざまな誘惑がありますが、それに打ち勝ったものの悟りを開くことはなかったのです。苦行からは悟りを得ることができないと考え、中道にこそ真理があると菩提樹の下で瞑想をすることにしました。そしてその結果ついに悟りを開いたのです。シッダールタは**仏陀**（悟りを開いた人）になりました。

最初仏陀は悟りは奥深いものなので、他人に伝える気はなかったのですが、バラモン教の神に布教を説得されて説法を始めます。仏陀は80歳で亡くなるまでの45年間、布教を続けました。

ゴータマ・シッダールタの誕生

紀元前5世紀〜4世紀頃　**ゴータマ・シッダールタ誕生**

北インド
釈迦族の王子

7日後に母は突然他界

生後すぐに歩き始め
「天上天下唯我独尊」という

母の妹に育てられる

一族の娘と結婚し、子どもをもうけ、幸せに暮らしていた……………………16歳で結婚

修行僧

北門
西門　東門
南門

死人　老人

病人

29歳で出家……修行に出る

自らに苦行を課して山林にこもる。しかし悟ることはできず菩提樹の下で瞑想をする…悟りを開き仏陀となる……35歳

初転法輪を
行なう

35歳で悟りを開いてのち入滅までの45年間、布教に励む…………弟子がふえ教団形成

入滅……80歳

仏陀の悟ったこと①

縁起の理法

4-2

●縁起の理法とは

キリスト教もイスラム教も神からの啓示を受けることで宗教が始まりますが、仏教には神の啓示はありません。つまり仏教に神はいないのです。

仏教の誕生は、人間ゴータマ・シッダールタが悟りを開くことで始まるのです。では、仏陀が悟ったこと、悟りを開くこととはどのようなことだったのでしょうか。

仏陀が悟ったことは10種類以上もあったといわれていますが、そのなかのひとつが、**縁起の理法**です。縁起の理法とは、すべて物事には因縁があるので結果が生じるという考え方です。独自に存在していると思われることも、実はこの世の中に存在するものはすべて何らかの因縁によって助けられ、存在しているのです。

互いに関係性をもつことで支え合っていると考えるのです。生きていくということはみな苦であり、それが仏教の原点です。人にとっての苦しみには必ず因縁があるもので、その因縁を取り除く道を探して苦しみから解放されることで、悟ることができるというものです。そして苦しみの原因となる因縁は、**十二縁起**としてあらわされました。

●因縁をあらわす十二縁起

十二縁起とは十二の因縁となることを、順番に因果関係のおこる流れとしてまとめたものです。**無明**から**老死**までが単独に存在するのではなく、どれもが関連性をもって成り立っていると考えるのです。十二の因縁は、**無明・行・識・名色・六入・触・受・愛・取・有・生・老死**です。

十二縁起の考え方は、仏教の根本的な思想となるものです。これを一般的にわかりやすく説いたのが、**四諦八正道**なのです。

縁起の理法

ゴータマ・シッダールタ—人間が悟りを開く……**仏教**

（仏陀になる）

仏陀が悟ったことは10種類以上もあったという

そのなかのひとつ
縁起の理法

すべて物事には因縁があるので結果が生じるという考え方

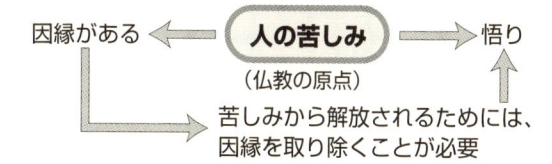

因縁がある ← **人の苦しみ** → 悟り

（仏教の原点）

苦しみから解放されるためには、
因縁を取り除くことが必要

十二縁起

12の因縁となることを、因果関係のおこる流れとしてまとめた

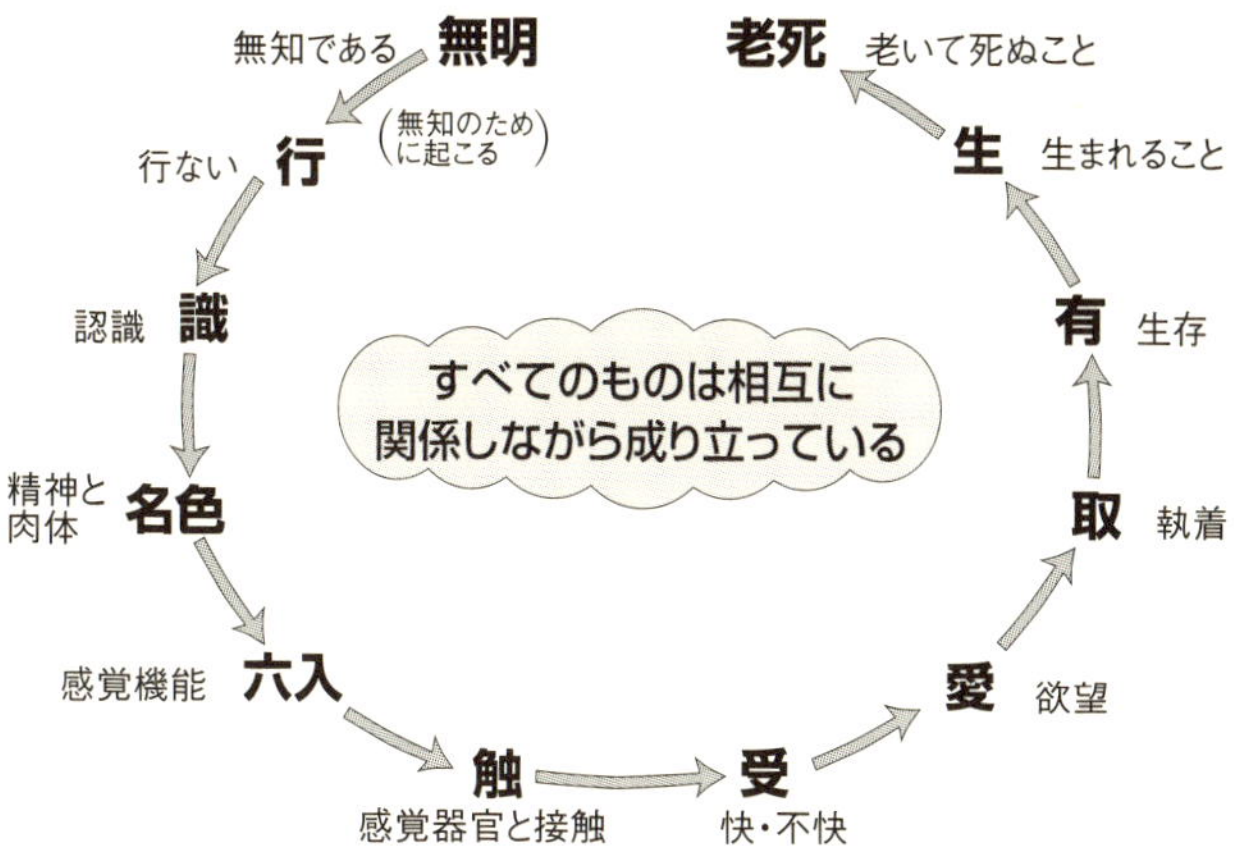

仏陀の悟ったこと②

四諦八正道《したいはっしょうどう》

4-3

●四諦とは

菩提樹の下で仏陀が悟りを開いたあとで、最初に説いた教えが四諦八正道だといわれます。共に修行を行なった5人に**初転法輪**《しょてんほうりん》と呼ばれる初めての説法をすると、5人は全員がそろって悟りを開いて仏陀の弟子になったといいます。その説法が四諦八正道です。

仏陀が説いた四諦八正道の四諦とは、悟りに欠くことのできない真理のことで、**苦諦**《くたい》、**集諦**《じったい》、**滅諦**《めったい》、**道諦**《どうたい》のことです。苦諦とは生きることは苦しみのこと、集諦とは苦しみの原因は煩悩にあるということ、滅諦とは苦しみを滅することが悟りであること、道諦とは苦を滅する方法は具体的にどのように修行すればよいのかというものです。この四つの教えが正しいと納得したならば、実践編としての八正道によって悟りへの道に通じるというものです。

●八正道《はっしょうどう》**とは**

八正道とは、その字の通り8つの正しい行ないのことです。8つの正しい行ないを積んでいくことで悟りが開けるというものです。**正見**《しょうけん》とは、この世の中を正しい目をもって見ることです。**正思**《しょうし》とは、物事の道理を正しくわきまえることです。**正語**《しょうご》とは、悪口や嘘などをいわずに有意義なことを話すことです。

正業《しょうぎょう》とは、殺生や盗みなどをせず正しい行動をすることです。**正命**《しょうみょう》とは、間違った生活を改め正しい生活を営むことです。**正精進**《しょうしょうじん》とは、正しい手段で悟りに向けて努力することです。**正念**《しょうねん》とは、邪念を払って正しい道を目指すことです。**正定**《しょうじょう》とは、瞑想を正しく行なうことで精神の安定を図ることです。

四諦八正道

生きていくということはみな苦である…… 仏教の原点

四苦八苦

仏陀が考えた苦の種類

<生・老・病・死>

愛別離苦《あいべつりく》 愛するものと別れる苦しみ	怨憎会苦《おんぞうえく》 憎む者と会う苦しみ	求不得苦《ぐふとっく》 求めるものが手に入らない苦しみ	五陰盛苦《ごおんじょうく》 感情にとらわれる苦しみ

向き合う

四諦

悟りに欠くことのできない真理のこと

苦《く》 諦《たい》 生きることとは苦しみのこと	集《じっ》 諦《たい》 苦しみの原因は煩悩にある	滅《めっ》 諦《たい》 苦しみを滅することが悟り	道《どう》 諦《たい》 苦を滅するためにどのように修行をすればよいのか

八正道

8つの正しい行ないを積んでいくことで悟りが開ける

正見《しょうけん》 この世を正しい目をもって見ること	正思《しょうし》 物事の道理を正しくわきまえること	正語《しょうご》 悪口や嘘などをいわないこと	正業《しょうぎょう》 殺生や盗みなどをせず正しい行動をすること	正命《しょうみょう》 間違った生活を改め正しい生活を営むこと	正精進《しょうしょうじん》 正しい手段で悟りに向けて努力すること	正念《しょうねん》 邪念を払って正しい道を目指すこと	正定《しょうじょう》 瞑想を正しく行なうことで精神の安定を図ること

4-4

仏陀の十大弟子

●教理の実践と布教

共に苦行に励んだ5人の仲間たちと始めた布教活動でしたが、布教が進むにつれ弟子の数は相当な数になっていきました。そこで修行のための**共同体サンガ**をつくり、出身階級とはかかわりない平等の精神をもって運営を行ないました。仏陀の布教により弟子となるものは、**知識階級**（バラモン）や**王族**など（クシャトリア）ばかりではなく、**農工商人**（ヴァイシャ）や**隷属民**（シュードラ）などあらゆる層にわたっていたからです。（205ページカースト制度参照）

仏陀の布教はガンジス川の上・中流域を中心に行なわれましたが、この地は多くの部族が住む場所でした。仏陀の弟子たちもこうした部族の出身者から成っていましたが、とくに優れたものを**十大弟子**といって、仏教の布教に大きく貢献した者たちです。

●十大弟子のはたらき

仏陀が**入滅**（亡くなること）してからのちの100年間を初期仏教あるいは原始仏教といいますが、この頃にはまだ経典などが存在しなかったために、弟子から弟子へ口承で教えを伝えていたのです。そのため優秀な弟子の布教というものが重要だったのです。

富楼那《ふるな》（プールナ）は説法能力に優れていて、仏陀の教えを理解しやすいことばで伝えたといわれます。**舎利弗**《しゃりほつ》（シャーリプトラ）は、仏陀の教えを最も理解したといいます。

やがて仏陀が入滅すると、弟子たちは教義の解釈の違いや教えが散逸することを恐れて経典の編纂を行ないます。その中心となったのが**摩訶迦葉**《まかかしょう》（マハーカーシャパ）といわれています。

教理の実践と布教

布教

共同体サンガ（弟子の数がふえたために、修行の場をつくる）

仏陀の弟子

出身階級とはかかわりなく、平等の精神で運営を行なう

知識階級（バラモン）、王族（クシャトリア）、農工商人（ヴァイシャ）、隷属民（シュードラ）など、あらゆる階級にわたった

十大弟子

仏陀の弟子のうち、特に優れたものたちを、こう呼んだ

舎利弗《しゃりほつ》	目連《もくれん》	摩訶迦葉《まかかしょう》	須菩提《しゅぼだい》	富楼那《ふるな》
一番弟子的存在仏陀の教えを最も理解していたといわれる	神通力といった超能力的な力を備えていたといわれる	衣食住に対する欲がなかった。仏陀と会って8日で悟りを開く	多くの人々の供養を受けた。人と争わないことを生涯続けた	説法能力に優れていて、仏陀の教えを理解しやすいことばで伝えたといわれる
迦旃延《かせんねん》	阿那律《あなりつ》	優波離《うばり》	羅睺羅《らごら》	阿難陀《あなんだ》
哲学的思考に優れて、説法が巧みだった。とくに王族などの説法に活躍した	人間の過去や未来を透視することができる能力を、もっていたといわれる	戒律をよく守り、仏典編纂に尽力した	仏陀の実子。学問を好みよく努力をして学んだ	仏陀の説法をいちばんよく聞いたといわれる

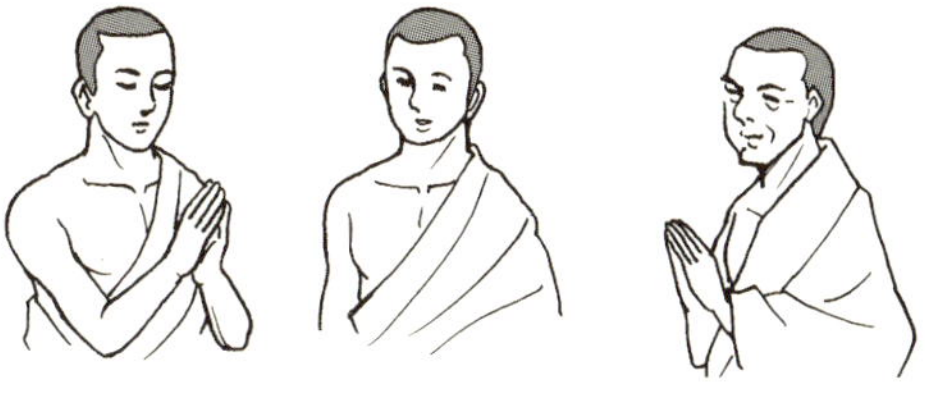

仏教の教義

4-5

●仏教の根本思想

悟りを開いた仏陀が最初に取り組んだことは、人間は生きている限り苦しみとともにあることを理解し、どのようにしたらその苦しみから解放されるのかということを考えたことでした。そしてそこから得たのが**三法印**《さんぼういん》という悟りでした。法印の意味は、仏陀の教えをあらわす印のことで、仏教の根本思想となるものです。3つの法印があり、そこに仏教の教義が込められています。

3法印の第一は**諸行無常**《しょぎょうむじょう》、第二が**諸法無我**《しょほうむが》、第三は**涅槃寂静**《ねはんじゃくじょう》です。仏教がインドから世界へ広がってゆく間には、さまざまな教義が生まれましたが、三法印の悟りは過去から現在どこの地においても共通する教義といえます。

●三法印とは

諸行無常《しょぎょうむじょう》とは、物事はすべて移り変わりとどまることがないことをあらわすものです。平家一門の栄華と滅亡を、仏教の因果観と無常観を基調として鎌倉時代に書かれた『平家物語』の冒頭でよく知られています。

諸法無我《しょほうむが》とは、この世にあるあらゆる存在には我（実体や本質といったもの）はなく、縁によって互いに助けあい支えあって存在しているという考え方のことです。

涅槃寂静《ねはんじゃくじょう》とは、苦しいことや煩悩がなくなった境地は静かで安らげる状態であるということです。諸行無常と諸法無我を受け入れ、理解しておくことで安らかに生きていくことができるというのです。さらに**一切皆苦**《いっさいかいく》（この世のあらゆることはすべて苦であるということ）を加えて**四法印**ということもありますが、どちらにしてもどのようにして煩悩を滅するかを考えるのが仏教なのです。

仏教の根本思想

仏教の根本思想（教義）——三法印……人間は生きている限り苦しみとともにある

↓

いかにしたら解放されるか

諸行無常
物事はすべて移り変わり、とどまることがないことをあらわす

諸法無我
この世のあらゆる存在には我はなく、縁によって助けあい支えあっている

涅槃寂静
苦しいことや煩悩がなくなった境地は静かで安らげる状態

＋

一切皆苦
この世のなかのことはすべて苦である

＝

四法印（ということもある）

三法印、四法印……のちの時代になって多数の経典がつくられても、この3つ、あるいは4つの考え方と合致しているかどうかを判定するための印という意味

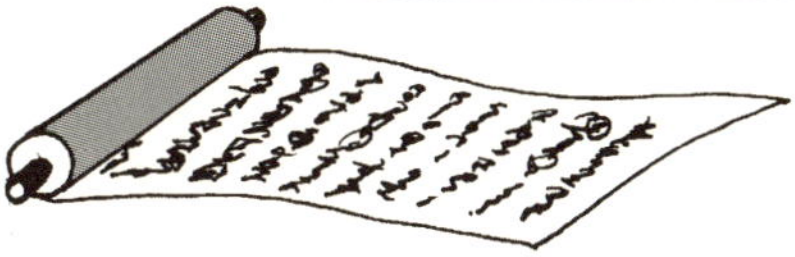

★ONE POINT★

●『平家物語』
1220年〜1242年頃に成立したといわれる軍記物語。仏教の因果観、無常観を基調に平家一門の栄華と没落を記したもの。平曲として琵琶法師によって語られ、後世文学に影響を与えた

4-6

仏教の経典

●仏典の成立

インドには「尊いことは声に出して伝えるとよい」という伝統的な考え方があり、仏陀の教えも口承で伝えられていたのですが、仏陀が入滅すると弟子たちの間に解釈の相違があらわれるようになります。仏陀の教えが後世に正しく伝えられることを目的に、弟子たちは仏典の編纂をして正しい仏典を残そうと集まります。これが第一回結集です。しかしこのときは教えを再確認するだけにとどまりました。

その後何度かの結集を経て、はじめて経典が文字としてあらわされたのは紀元前1世紀頃のことで、仏陀の死から300年以上が経っていました。それからのちには、数多くの**仏典**（お経）がつくられるようになります。

●仏教の基本経典、三蔵

成文化された経典は、**経**《きょう》**・律**《りつ》**・論**《ろん》の**三蔵**《さんぞう》にまとめられました。経蔵は仏陀の教えと教えにまつわる真理や法について、律蔵は仏教徒が守るべき規則について、論蔵では、経典の解説や注釈についてです。そして以来三蔵が仏教の基本経典となりました。

何回か行なわれた結集の過程では戒律の解釈をめぐって対立が起こり、**大衆部**《だいじゅぶ》と**上座部**《じょうざぶ》に分裂してしまいます。それぞれはさらに細分化されて新しい宗派を生み出し、仏典の数もそれにともなってふえていきます。

初期（2世紀頃）**般若経**《はんにゃきょう》、**法華経**《ほけきょう》、**維摩経**《ゆいまきょう》、**華**《け》**厳経**《ごんきょう》、**阿弥陀経**《あみだきょう》、**無量寿経**《むりょうじゅきょう》、**観無量寿経**《かんむりょうじゅきょう》。中期（3～4世紀頃）、**解深密教**《げじんみっきょう》、**入楞伽経**《にゅうりょうかきょう》、**勝鬘経**《しょうまんきょう》、**涅槃経**《ねはんきょう》。後期（6～7世紀頃）**大日経**《だいにちきょう》、**金剛頂経**《こんごうちょうきょう》、**理趣経**《りしゅきょう》などでこれらは密教と呼ばれました。

仏典の成立

◆前483年
仏陀入滅

10年～20年後
◆第1回仏典結集
摩訶迦葉が高僧
を集める
再確認にとどまる

100年～200年後
◆第2回仏典結集
700人集まった僧が
保守派―上座部
と
進歩派―大衆部
に分裂する

基本経典、三蔵成立

成文化された経典 **三蔵** 基本経典となる

経蔵…仏陀の教えと、教えにまつわる真理と法
律蔵…仏教徒が守るべき規則について
論蔵…経典の解説や注釈について

仏典

初期（2世紀頃）	中期（3～4世紀頃）	後期（6～7世紀頃）
般若経、法華経、維摩経、華厳経、阿弥陀経、無量寿経、観無量寿経	解深密教 入楞伽経、 勝鬘経、 涅槃経	大日経、 金剛頂経、 理趣経 →密教

★ONE POINT★

● 三蔵法師
『西遊記』でよく知られた三蔵法師とは、「経」、「律」、「論」を究めた僧のことで、玄奘はその一人。玄奘は、629年頃中国から天竺（インド）へお経を取りに行った。タクラマカン砂漠を越えて650以上の経典をもち帰る。645年には『大唐西域記』を著す

仏教の説く死生観

4-7

●輪廻転生《りんねてんせい》

仏教思想の背景にある死生観の基本は、**輪廻転《りんねてん》生《せい》**の考え方にあります。輪廻とは生と死を繰り返すことをあらわし、6つの道を六道としています。人は前世の行ない＝**業**（カルマ）によって、六道のどれかに生まれかわるのですが、善行を積んだ人生を送れば天道へ、悪業を重ねて生きると**地獄道**へと送られるというものです。

天道《てんどう》、最も苦が少ないのですが死の苦しみはあります。**人間道**、人間が住む苦に満ちた世界で無常です。**修羅道《しゅらどう》**、怒りや疑いに満ちた争いの絶えない世界です。**畜生道《ちくしょうどう》**、人間以外の生物になり、人間に責め苦を受ける世界です。**餓鬼道《がきどう》**、常に飢えや渇きに苦しむ世界です。**地獄道《じごくどう》**、悪業を積み重ねた者が苦痛を与えられる世界のことです。

輪廻の考え方は、インドに古くから伝わる思想からの影響（204ページ参照）によるもので、インドの宗教では輪廻から解放されて二度と生まれかわることのない**解脱《げだつ》**（げだつ）を目標として修行を積むものでした。それに対して仏教では欲望を捨て煩悩から解き放たれるならば、悟りを開くことができると考え、その結果六道輪廻から解放され**極楽浄土《ごくらくじょうど》**に行くことができるととらえました。

●極楽浄土

生前の行ないによって六道の世界を輪廻する限り、程度の差はあっても、生きていくうえでの苦悩から解き放たれることはありません。輪廻六道の世界から抜け出て理想の世界である極楽浄土の世界へ入るためには、仏となることです。仏教では、人間が仏になる（悟りを開く）ことでしか輪廻から解放される道はない、つまり修行をする＝解脱することと考えたのです。

輪廻転生

仏教思想の背景にある死生観の基本 ―― 輪廻転生

輪廻思想は、インドに古くから伝わる

輪廻からの解放

解脱

目標として修行をする

欲望を捨て、煩悩からの
解放ができるなら可

悟りを開く…解脱
極楽浄土

極楽浄土とは、輪廻六道の世界から抜け出すこと

→ 悟りを開いて（解脱）仏になること

六道輪廻

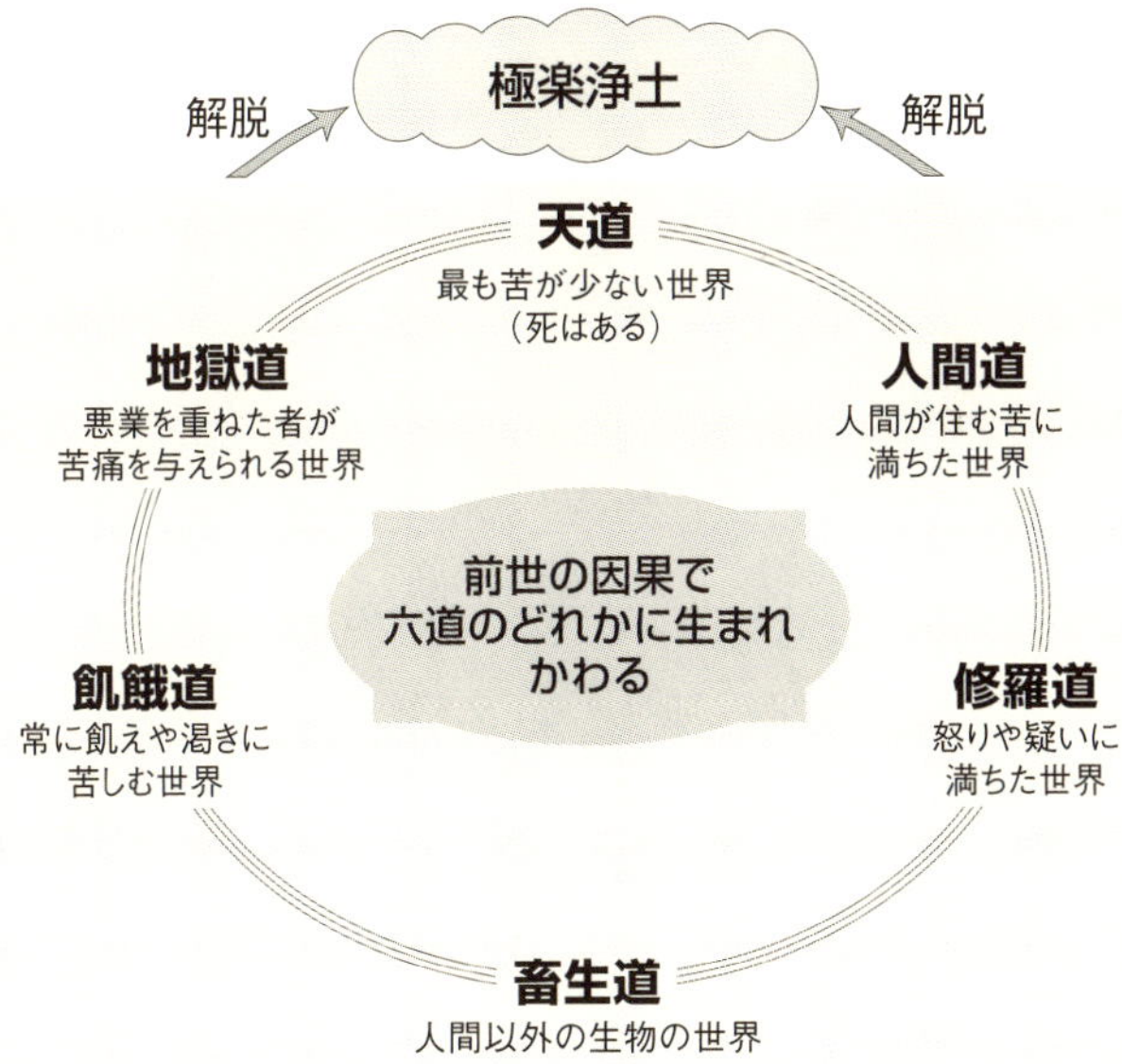

4-8

インドの仏教①　仏教の発展と分裂

●急速に発展した仏教

紀元前3世紀頃のインドは、**マウリヤ朝**がインド統一を目指し第3代の**アショーカ王**の時代には、ほぼ全域がマウリヤ朝によって統一されたのです。インド統一をしていく際に、殺戮や暴行を行なってきたアショーカ王は、自らの蛮行を悔いて、仏教に深く帰依するようになります。仏陀が入滅したのちの仏教は、弟子たちによって布教活動が行なわれていましたが、アショーカ王の保護を受けるようになると、インド全域に急速に発展していきました。

アショーカ王はインド各地に仏塔などの建造物を建立したり、**法**（ダルマ）に基づく政治に着手するなど、仏教思想を政治にも積極的に取り入れる取り組みで、仏教の発展に大きく力を尽くしたのでした。

●大乗仏教の出現

同じ時期、戒律の解釈や教義のとらえ方について教団のなかには意見の相違がみられるようになります。仏陀以来の戒律を頑《かたく》なに守ろうとする上座部と、現実に柔軟に対応しようとする大衆部の分裂（根本分裂）です。二つに分かれた仏教はさらに分裂を繰り返し（部派仏教）、20部派にまで分裂するのでした。

部派仏教は宗教活動をあまり行なわず、経典の解釈を中心にすることに批判的だったのが大乗仏教でした。部派仏教の流れを汲む上座部仏教が個人の悟りを目標としたことに対して、大乗仏教では万人の救済を掲げ、出家せずに在家でも悟りを開くことができることを特徴としたものです。

その後二つの仏教は、別々のルートで諸国へと広がっていきます。

仏教の発展と分裂

◆前4世紀後半
仏陀入滅
仏典結集

◆前3世紀中頃
アショーカ王の仏教保護

◆前3世紀後半
根本分裂

上座仏教←上座部
（小乗仏教）
部派仏教←大衆部
↓
大乗仏教

- インド統一を行なったアショーカ王は、自らの行ないを悔いて仏教に帰依
- 法（ダルマ）に基づく政治に着手
- 建造物の建立など

上座部…保守的（戒律に忠実）
大乗仏教…現実対応（柔軟）

大乗仏教

上座部仏教………個人の悟りを目標
大乗仏教…………万人の救済を目標
（在家でも悟りを開ける）

大乗仏教に対して上座部を小乗ともいったが、差別的なので廃止となる

- 仏教の伝播ルート

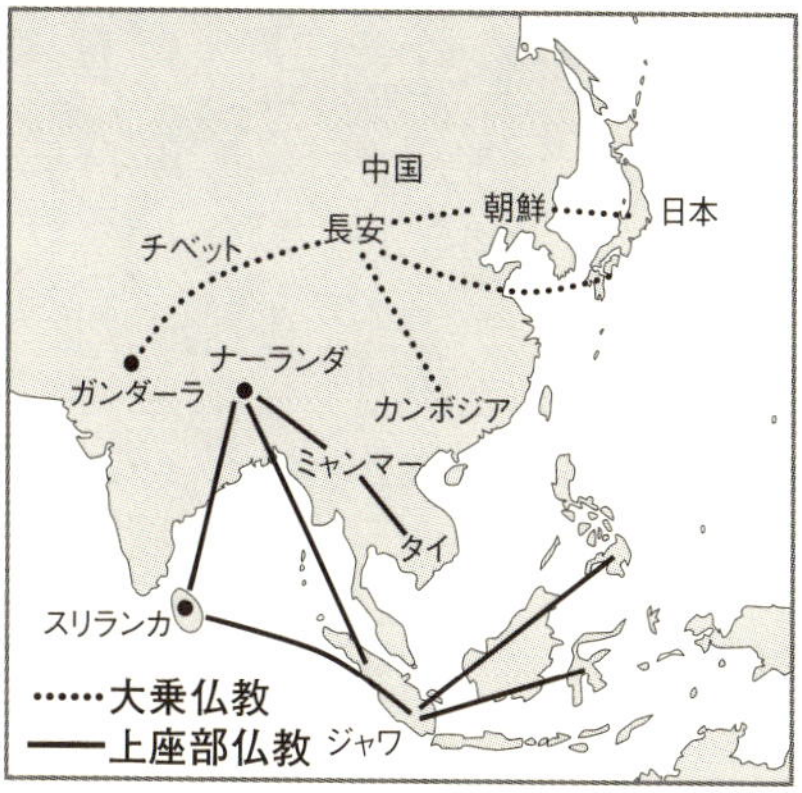

- 上座部仏教は海方面
- 大乗仏教は陸方面へとそれぞれ伝わって行った

インドの仏教②

仏像のおこりと仏教の衰退

4-9

●仏と仏像

仏とは悟りを開いた人のことをいいます。仏陀も仏のひとりです。釈迦国の王子として生まれたゴータマ・シッダールタが悟りを開き、仏となって仏陀と呼ばれるようになりますが、仏陀はゴータマ・シッダールタのみに通用する呼び名です。シッダールタは、仏陀のほかに出身地にちなんで**釈迦**、**釈尊**、**世尊**などとも呼ばれました。

さらに大乗仏教では、仏の名の下に役割を示す**如来**や**菩薩**ということばを付加し、より親しみのあるものとしたのです。如来とは真理の世界から教えを説くためにやって来た人をあらわします。仏陀と**釈迦如来**は同じです。菩薩とは仏となる資格をもっていて、悟りを目指すもののことで、仏より親しみある存在として人々の間に浸透していったのです。**観音菩薩**、**弥勒菩薩**などがあります。

1世紀半ば頃、インドの西北部に興った**クシャーナ朝**で大乗仏教が盛んでしたが、人の姿をした仏像をつくることで仏教がより身近になることを狙いにはじめられたのです。クシャーナ朝では**ガンダーラ美術**（ギリシアとオリエントの文化が融合したもの）の影響が大きかったこともひとつの要因となりました。

●インド仏教の衰退

大乗仏教が盛んだったクシャーナ朝の頃がインド仏教の最盛期でした。それ以後仏教は上座部仏教と大乗仏教の2つのルートに分かれてアジア各国へ伝播していくのですが、やがて神像を拝む**ヒンドゥー**教を支持するグプタ朝が興ると、大乗仏教は密教に吸収され、13世紀になるとイスラム教の侵攻で、インドからは姿を消していくことになります。

仏と仏像

悟りを開いた人 ― **仏** ― **ゴータマ・シッダールタ**

仏陀、釈迦、釈尊、世尊などとも呼ばれる

＝

釈迦如来

大乗仏教では、仏の名の下に役割を示す如来や菩薩をつけて、より親しみのあるものとした。

如来―真理の世界から教えを説くためにやってきた人

菩薩―仏となる資格をもっていて、悟りを目指すもの

インド仏教の衰退

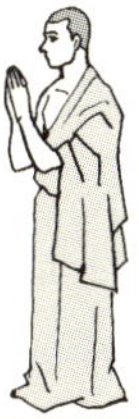

45〜240年
クシャーナ朝
（大乗仏教栄える）

144〜166年
カニシカ王時代全盛
仏像制作がはじまる
（ガンダーラ美術の影響）

320〜550年
グプタ朝
ヒンドゥー教の保護
（仏教衰退）
ヒンドゥー教栄える

13世紀
イスラム王朝成立
インドから仏教が消滅

★ONE POINT★

●日本の仏の種類

日本の仏は4種類。如来、菩薩、明王、天で如来は仏、他は尊格と呼ばれる。図や仏像としてあらわされるときには、手にそれぞれの性格や特徴となるものをもつことが多い

中国の仏教① 経典研究が栄えた

4-10

●儒教・道教との合体

中国に仏教が伝わったのは紀元前から1世紀頃までに、インドからの商人たちによって**敦煌**にもたらされたのがはじめでした。この頃の中国では知識人の間に儒教が広がっていて、仏教は儒教との共通性を説くことで認知してもらうという方法でしか理解されませんでした。教義の普及のために経典は多数が翻訳されたのですが、かえって内容に信憑性を欠くこととなり、中国の僧らがインドへ赴き経典を中国へもって帰るようになりました。5世紀〜7世紀頃のことで、**玄奘**《げんじょう》（**三蔵法師**）がよく知られています。（141ページ参照）

仏教は最初は知識人の思想のひとつとしてしか受け入れられなかったのですが、儒教・道教の教えが精彩を欠くようになると、仏教は広く一般に浸透してゆくようになります。

●布教に貢献した僧侶たち

中央アジアに近い西域からやってきた僧侶たちは、早い時期から仏教の布教に貢献しました。後趙の**仏図澄**《ぶっとちょう》や**釈道安**《しゃくどうあん》らによって弟子の育成や経典の翻訳がなされることで、中国仏教の基礎固めができました。

5世紀になると**鳩摩羅什**《くまらじゅう》が大乗仏教の仏典を漢訳すると、中国仏教の特徴でもある多くの宗派が生まれるようになります。そのほか鳩摩羅什の業績として評価されるのが、上座部仏教と大乗仏教の違いを明確にして、大乗仏教の優れている点を説いたところです。

中国からインドへ渡って仏教を学んだ僧には、玄奘のほかに**法顕**《ほっけん》がいます。法顕は20年近くインドを旅して**『仏国記』**《ぶっこくき》をまとめます。そして唐の時代に仏教は全盛を迎えます。

儒教と合体して普及

紀元前1世紀頃 インドの商人によって仏教が敦煌にもたらされる

当時中国では **儒教** が盛ん

↑ 共通点で仏教を普及する方法

教義普及のために経典が多数翻訳される
多過ぎて信憑性を欠く→僧はインドに経典を取りに行く
<5世紀～7世紀>

仏教布教に貢献した僧侶

西域（敦煌）からやってきた僧侶たちは、
早くから仏教布教に貢献

後趙の仏図澄　　弟子の育成
釈道安　　　　　経典の翻訳
→ 中国仏教の基礎ができる

鳩摩羅什……大乗仏教の仏典漢訳
▽
多くの仏典が生まれた

中国からインドへ渡って仏教を学んだ僧
玄奘（三蔵法師）『大唐西域記』、法顕『仏国記』を著わす

★ONE POINT★

● 経典をどう考えるか

大乗仏教と上座部仏教の違いのひとつに、経典に対する考え方がある。上座部仏教は三蔵のみを経典とした。大乗仏教は新しくてもよいものは認めたために経典が多数生まれた

中国の仏教②

多数の宗派が生まれる

4-11

●仏教の黄金時代

南北朝時代（439～589年）に発展した中国の仏教は、唐の時代になると歴代皇帝らの保護のもと黄金時代を迎えます。経典の翻訳は進められ、研究が盛んになると、さまざまな考え方の宗派が多数起こってきました。教義や経典の解釈に柔軟な姿勢の大乗仏教にこの傾向が強くあらわれます。

宗派の意味するところは、仏教の教えるところをどのように解釈するか、といった解釈の違いによるいわば学術的な違いを示したもので、宗教活動の上で分派するというようなことではありませんでした。

●十三宗の仏教学派

13の宗派を挙げていくと次のようになります。**毘曇《びどん》宗**（「阿毘達磨」を経典とします）、**成実《じょうじつ》宗**（「成実論」）、**浄土《じょうど》宗**（「浄土経」）、**律《りつ》宗**（「四分律」）、**地論《じろん》宗**（「十字経論」）、**三論《さんろん》宗**（「中論」「百論」「十二門論」）、**涅槃《ねはん》宗**（「涅槃経」）、**禅《ぜん》宗**（「二入《ににゅう》四行論《しぎょうろん》」）、**摂論《しょうろん》宗**（「摂大乗論」）、**天台《てんだい》宗**（「法華経」）、**華厳《けごん》宗**（「華厳経」）、**法相《ほっそう》宗**（「成唯識論《じょうゆいしきろん》」）、**真言《しんごん》宗**（「大日経《だいにちきょう》」「金剛頂経《こんごうちょうきょう》」）教義や経典を自由に解釈することが許された大乗仏教は、中国で発展して朝鮮あるいは日本へと伝わっていくことになるのです。

唐の時代に保護されていた中国仏教は、独自の発展を遂げ多くの宗派を生みましたが、やがて現世利益を求める方向へと変化を遂げるのです。その理由は国家財政を大きく圧迫する仏教が廃仏、廃寺されて、浄土宗と禅宗以外は衰退してしまうからでした。念仏を唱え禅を組むといった具体的な宗派以外は、一般にはあまり必要とはされなくなったからです。

仏教の黄金時代

南北朝時代
↓
6世紀隋（全土統一）
↓
唐

隋・唐の歴代皇帝らによって仏教は保護される
↓
黄金期を迎える

- 仏教研究が進む
- 官寺、私寺などが盛ん

十三宗の仏教学派

唐の時代に保護されていた中国仏教は、独自の発展を遂げ、多くの宗派を生んだ

宗派名	成り立ち、経典など	涅槃《ねはん》宗	『涅槃経』の研究から始まる
毘曇《びどん》宗	インド部派仏教のひとつ「阿毘達磨」	禅《ぜん》　宗	インド僧ダルマにより伝来
成実《じょうじつ》宗	鳩摩羅什の訳した『成実論』がもとになる	摂論《しょうろん》宗	『摂大乗論』の研究から始まる
浄土《じょうど》宗	彗遠によって開かれる『阿弥陀経』による	天台《てんだい》宗	『法華経』を経典とする
律《りつ》　宗	「四分律」を経典とする華厳宗	華厳《けごん》宗	『華厳経』に基づいて研究される
地論《じろん》宗	『十地経論』の研究により始まる	法相《ほっそう》宗	玄奘の弟子たちによって始まる
三論《さんろん》宗	「中論」「百論」「十二門論」の研究からなる	真言《しんごん》宗	インドの密教が伝来して始まる

4-12

東南アジアの仏教

●多ルートで仏教が伝わる

東南アジアの仏教は、中国から北インドからスリランカからなど多ルートで伝わりました。中国ルートは6世紀頃大乗仏教がベトナム、インドネシアに、北インドルートは1世紀頃大乗仏教が伝わりました。スリランカルートはスマトラ島やミャンマーに、上座部仏教が紀元前3～2世紀頃に伝わったとされています。

大乗仏教、上座部仏教ともに東南アジアの1国から他国へ伝播することもあって、仏教の宗派は混ざり合って広がっていったというのが現状のようでした。

カンボジアに残るアンコール・ワット大寺院は12世紀に建立されていますが、大乗仏教とヒンドゥー教両方の影響を受けています。タイも上座部仏教と大乗仏教の両方が入ってきましたが、現在では上座部仏教が一般に継承されています。

●仏教の現状

タイやカンボジアでは現在も人口の95％を占める割合で仏教が信仰されています。

タイの場合信教の自由は認められていますが国教が仏教であることから、国王による仏教の保護政策がとられています。

男子の場合一生のうちに1度は出家することが慣習化されているため、成人になると数週間から3カ月間くらい寺院に入院することで修行をすることになっています。

ミャンマーも同じように、一生のうちに1度から2度は寺院に入って修行をする習慣があります。基本的には上座部仏教の流れを汲んではいますが、現代では新興の宗派が多数出現してきて政治への影響なども起きています。

多ルートで伝播した東南アジアの仏教

大乗仏教、上座部仏教ともに東南アジアの1国から他国へ伝播

東南アジアの仏教

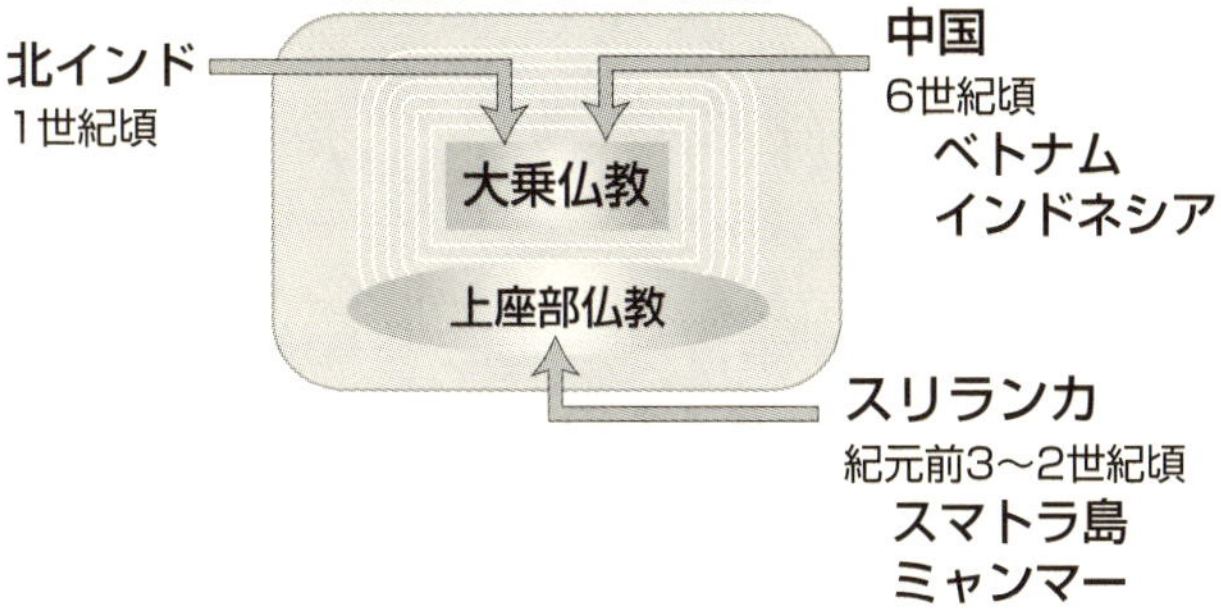

仏教の宗派は混ざり合って広がっていった

カンボジア――アンコール・ワット大寺院（12世紀に建立）

大乗仏教とヒンドゥー教の影響

タイ――大乗仏教・上座部仏教　両方伝来、現在は上座部仏教

仏教国の現状

タイ・**カンボジア**――人口の95%が仏教徒

国教・仏教（信教の自由は認められている）

● 保護政策がとられている

男子は一生のうちに1度は出家することが慣習となっている

ミャンマー

一生のうちに1度か2度は寺院に入って修行をする習慣あり

4-13

中央アジアの仏教

●チベット仏教

ヒマラヤ高原という地理的条件から、周辺地域よりかなり遅い時期になって仏教が伝わったチベットでは、独自の発展の仕方をします。7世紀の前半にチベット統一をして、**吐番王朝**を創始したソンシェン・ガンポ王によって仏教は流布されることになりました。

当時大きな権力をもっていたガンポ王は、中国とネパールからそれぞれ妻をめとりますが、二人の妻はともに熱心な仏教徒でした。妻の影響を受けた王は、仏教を国教として定めたのです。この頃流入した仏教は密教の影響が強く、チベットの独自性と融合すると独自の**チベット仏教**が生まれました。

●チベット仏教の特徴

チベット仏教の特徴のなかで特筆されるのが**転**《てん》**生活仏**《じょうかつぶつ》の考え方です。転生活仏とは、高僧の地位にあるものは観音菩薩がこの世に生まれ変わったものであり、死後再び生まれ変わるとするものです。活仏と呼ばれる僧は多数存在しますが、最高位にあるのが**ダライ・ラマ**なのです。

17世紀からは宗教だけではなく政治も指導するという**僧権政治**を続けていますが、現在の第14代ダライ・ラマ（１９３５年〜）は中国共産党によるチベット併合に抵抗したため、インドへ亡命することになりました。現在なおチベット問題は解決されることはなくダライ・ラマはチベットへ帰ることはできないのです。

チベット仏教は、ダライ・ラマを宗主とする**ゲルク派**と称する最大宗派が中心となっていますが、そのほかにも**ニンマ派**、**カギュ派**、**サキャ派**などがあります。

チベット仏教

7世紀にインド仏教と中国仏教が、チベットに伝わる

↓

吐番王朝を創始したソンシェン・ガンボ王によって流布

↓

国教と定められる

↓

チベットの独自性＋仏教 → 独自の **チベット仏教**

チベット仏教の特徴

転生活仏

高僧の地位にあるものは、観音菩薩がこの世に生まれ変わったもの

↓

死後再び生まれ変わる

活仏＝僧
多数存在する
↓
最高位が
ダライ・ラマ

☆チベットでは17世紀から僧権政治を行なっている

チベット教の宗派

- ゲルク派（最大宗派）ダライ・ラマ
- ニンマ派（最も古い）
- カギュ派（密教的）
- サキャ派（モンゴルに伝わる）

★ONE POINT★

● ダライ・ラマ14世

ダライ・ラマとは世襲制で現在14代まで続いている。14世は1935年生まれ。1959年に中国共産党の政治的迫害から逃げるためにインドへ亡命。1989年にノーベル平和賞受賞

朝鮮半島の仏教

4-14

●中国から伝来

朝鮮半島へは中国から仏教が伝来しました。やがて日本へもやってくる中継地として位置する朝鮮半島では、**高句麗**《こうくり》、**百済**《くだら》、**新羅**《しらぎ》の順番で4世紀後半から5世紀にかけて広まりました。

7世紀終わり頃に新羅が朝鮮半島を統一すると仏教を国教としました。次いで10世紀に高麗朝が興ると、仏教は国教として保護されるようになります。しかし14世紀に**李氏朝鮮王朝**時代を迎えると、仏教は排斥され儒教が国教として定められるのです。その後は仏教は衰退し、現在の韓国では禅宗の一派である**曹渓**《そうけい》**宗**と**太古**《たいこ》**宗**が残るのみとなっています。

●朝鮮半島の仏教の特徴

新羅が朝鮮半島を統一する際に、仏教は兵士たちの精神的支柱となったことで、仏教は国教としての評価を与えられました。当時の高僧円光は、忠義、孝行、正直、勇気、善行という教えを具体的に定めて、平信徒たちへの心の拠りどころとし、これを信仰したのが**花郎**と呼ばれる戦闘集団の若者たちでした。

花郎のなかには、弥勒菩薩の生まれ変わりと呼ばれる青年などの存在もあり、弥勒菩薩信仰が中心に据えられて祭祀など村の行事が行なわれるほどに、仏教は一般民衆のなかに広く浸透していたのです。

また新羅時代の優れた僧らには、王師や国師の称号とともに国の政治にも相談役として参加する権限も与えられていました。この制度は**高麗朝**でも継続されました。また高麗朝では王の親族のなかから一人は、僧となるという慣習もおこったのです。

朝鮮半島の仏教

- 中国から仏教伝来
- **4世紀後半～5世紀**
  高句麗、百済、新羅の順番で広まる
- **7世紀**終わり頃に新羅が朝鮮半島統一

  ▽

  仏教を国教とする
- **10世紀**
  高句麗朝は仏教を国教として保護
- **14世紀**
  李氏朝鮮王朝

  ▽

  仏教は排斥され儒教が国教となる

朝鮮半島（6世紀頃）

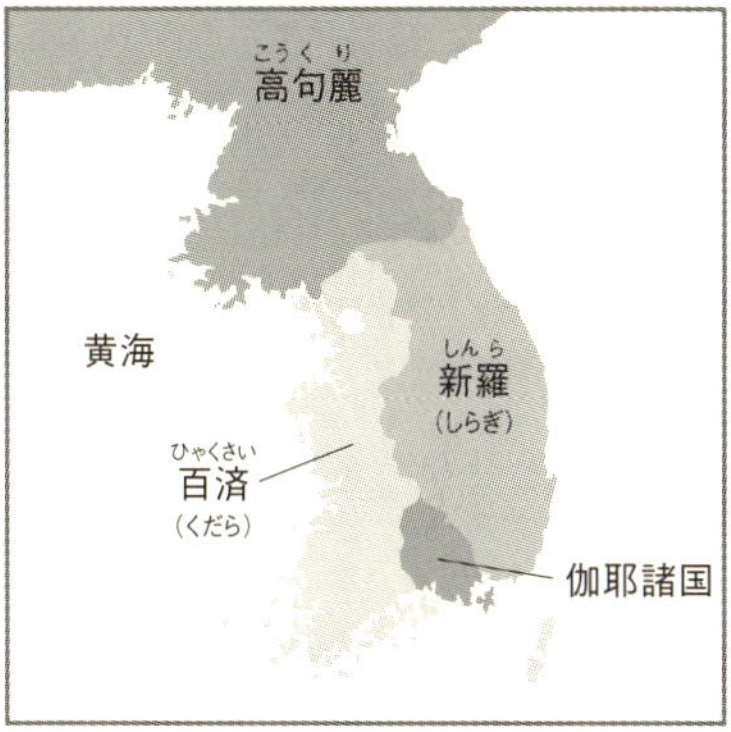

高句麗	327年	伝来
百済	384年	伝来
新羅	5世紀前半 高句麗の僧から伝来	

朝鮮半島の仏教の特徴

新羅が朝鮮半島統一の際に、仏教は兵士たちの精神的支柱となったことで、仏教は国教としての評価を与えられた

★ONE POINT★

朝鮮半島の仏教（現在）
李氏朝鮮王朝時代になると仏教は排斥され、儒教が国教となった。その後仏教は衰退し、現在の韓国では、禅宗の一派曹渓宗と太古宗が残るのみ

4-15

日本の仏教①　大乗仏教の伝来

●6世紀に日本に伝わる

インドに始まった仏教は、中国、朝鮮半島を経由して日本へと伝わってきました。6世紀の頃、朝鮮半島は高句麗、新羅、百済の三国が争いを繰り返していましたが新羅の攻撃を受けた百済の**聖《せい》明王《めいおう》**は、日本へ援助の要請のため、時の天皇**欽明天皇**に経典や仏像を献上したこと（仏教公伝）が、日本に仏教が伝わった最初とされています。

当時の大和朝廷では崇仏派の**蘇我氏**と排仏派の**物部氏・中臣氏**の間で激しい対立抗争が繰り広げられるのですが、やがて**仏教興隆の詔**が発布されることで、仏教は公認されることになったのです。欽明天皇の子の**用明天皇**が仏教徒になると、朝廷内では蘇我氏らとともに崇仏派が多数を占めるようになりました。

続く**聖徳太子**の時代には、政治にも仏教的考え方が取り入れられるなどで仏教は栄え、広く浸透していったのです。

●聖徳太子の貢献

日本に伝わった仏教が柔軟な思想の大乗仏教であったことが、一般民衆に受け入れられやすかったこともありましたが、信仰を理解することに努めた聖徳太子の貢献によって、仏教が広く普及したことは間違いありません。

冠位十二階や**十七条憲法**の制定では仏教思想を盛り込み、**遣隋使**を派遣することで隋の仏教文化を取り入れました。**法隆寺**や**四天王寺**、**広隆寺**などを次々と建立したことでもよく知られています。

仏教の経典『**法華経**』、『**維摩経**』などの注釈書を著したともいわれます。聖徳太子の貢献によって仏教は、国家的に制度化されたのです。

大乗仏教の伝来

6世紀

インド〜中国〜朝鮮半島〜日本へと仏教は伝来

朝鮮半島は高句麗、新羅、**百済**の三国が争っていた

↓

新羅に攻められた聖明王は、日本に援助を要請

↓

欽明天皇に経典、仏像を献上
（仏教公伝）

↓

日本に仏教が伝わった

大和朝廷では仏教をめぐった対立が起こるが、仏教興隆の詔発布で、仏教は公認されることになる

仏教の基礎ができる

- 伝来した仏教が大乗仏教で、一般民衆に受け入れられやすかった
- **聖徳太子の貢献**によって、仏教は広く普及した

↓ 仏教を国家的に制度化

→ 冠位十二階
　十七条憲法　制定（仏教思想を盛り込んだ）
　遣隋使の派遣、法隆寺、四天王寺などを建立

日本の仏教②

奈良時代に最盛期を迎える

4-16

●仏教で国を護る

飛鳥時代に仏教の基礎ができあがると、**奈良時代**にはさらに発展的に広く普及していきました。ちょうどこの頃**聖武天皇**の時代には、災害や疫病が多発し人々を不安に陥れていたのですが、仏教の力で国を護ろうと各地に**国分寺**が建立されたのです。奈良の**東大寺**を総本山として各地に建立された国分寺では、医療や災害の際の救済施設としての役割を果たすとともに、人々に学問を施す場として活用されるなど、地方の仏教の布教に大きな影響を与えました。これによって奈良時代は、仏教の力で国を護り治める**鎮護国家**として統治に成功したのです。

　また国家的な政策手段として仏教を効果的に取り入れるだけではなく、学問としての内容が充実した時期でもありました。

●南都六宗

奈良時代は、中国への**遣唐使**が多数派遣されるようになり、唐から学僧が持ち帰った仏教が**平城京**で学ばれました。**南都六宗**《なんとろくしゅう》と呼ばれた**三論**《さんろん》**宗**、**成実**《じょうじつ》**宗**、**法相**《ほっそう》**宗**、**倶舎**《ぐしゃ》**宗**、**華厳**《けごん》**宗**、**律**《りつ》**宗**の6宗です。この6宗が日本の仏教思想の基礎を形成していくことになるのですが、なかでも聖武天皇も帰依していたといわれる華厳宗が、最も勢力をもっていました。

　唐の高僧鑑真が、5度の渡航中失明をしながらも6度目にやっと来日して伝えた律宗は、日本の仏教のその後に重要な影響を与えたのです。それは仏門に入る人への戒律の方法や得度《とくど》といった、**授戒**《じゅかい》を形成したことなどです。戒律道場として奈良市に創建されたのが律宗の総本山でもある**唐招提寺**です。

奈良時代の仏教

飛鳥時代に仏教の基礎ができる → 奈良時代は発展的に普及

▼

国分寺の果たした役割

- 医療や災害の際の救済施設
- 人々に学問を施す場
- 地方の仏教の布教

奈良東大寺を総本山とする

▼

日本全国各地に国分寺

▼

仏教の力で国を護る — 鎮護国家

南都六宗

- 8世紀になると唐から伝来した仏教が平城京を中心に栄える
- 鑑真は孝謙天皇の勅命を受けて、僧に対して授ける授戒制度を整えた。これによって僧として認められる者の基準ができた

南都六宗

- 華厳宗
- 律宗
- 三論宗
- 成実宗
- 法相宗
- 倶舎宗

★ONE POINT★

鑑真

（689年〜763年）唐の高僧。5度の渡航の失敗にもめげず、6度目で来日、三師七証の戒律を伝え仏教界に影響を与える。唐招提寺や仏像の建築などに貢献

日本の仏教③ 日本人僧による開宗

4-17

●天台宗と真言宗

奈良時代の仏教が、中国から入ってきたものをそのまま学んでいたのに対して、**平安時代**になると日本人が宗派を開くようになります。**天台宗**を開いた**最澄**と**真言宗**の開祖となった**空海**の二人がそれです。

伝教大師のおくり名で知られる最澄は、804年に唐で天台の教え、密教などを学びそれらを統合して帰国後**比叡山**《ひえいざん》に**延暦寺**《えんりゃくじ》を開いて、当時の貴族らに支持されます。一方空海は804年に最澄と同じ船で唐に渡り、真言密教を会得して帰国し、**高野山**に**金剛峰寺**《こんごうぶじ》を開きました。空海が学んだ密教とは即身成仏の教えで人はありのままの姿で仏となれるもので、修行はそれを自覚するものと説いたのです。空海はのちに**弘法大師**と呼ばれます。

法華経を経典とする天台宗は、日本仏教のその後に大きな影響を与えるのですが、天台宗も真言宗も山岳信仰と結びついて**修験道**《しゅげんどう》（山岳にこもり修行をすることを目的とする）という一派が形成されたのもこの時代の特徴となっています。

●末法思想と浄土信仰

11世紀になると世の中には**末法思想**が広がります。末法とは仏陀の入滅後2千年が経つと末法の世になるといわれ、末法には戦乱が続き天変地異が起こるというものです。

仏教界だけではなく一般の人々の間にも末法の不安が広がっていくなかで、一般民衆に受け入れられたのが浄土信仰でした。**浄土信仰**とは、**南無阿弥陀仏**《なみあみだぶつ》と唱えるだけで極楽浄土へ行けるというもので、天台宗の僧**円仁**によって、7世紀に伝わっていたものが掘り起こされて広められたのです。

天台宗と真言宗

平安の時代になると、日本人が宗派を開くようになる
804年　**最澄**、**空海**が唐へ渡る、帰国後宗派を開く

最　澄（805年帰国）	**空　海**（806年帰国）
天台教義、禅法、密教法典 **806年**　比叡山・延暦寺に天台宗を開く 『法華経』中心教典 伝教大師（767～822年）	インド仏教を学ぶ、密教法典、仏像 **819年**　高野山・金剛峰寺に真言宗を開く 『大日経』『金剛頂経』中心教典 弘法大師（774～835年）

天台宗・真言宗──→山岳信仰と結びつく──→修験道へ
（218ページ参照）

末法思想

11世紀になると、末法思想が広がる。末法思想とは

仏教の歴史観

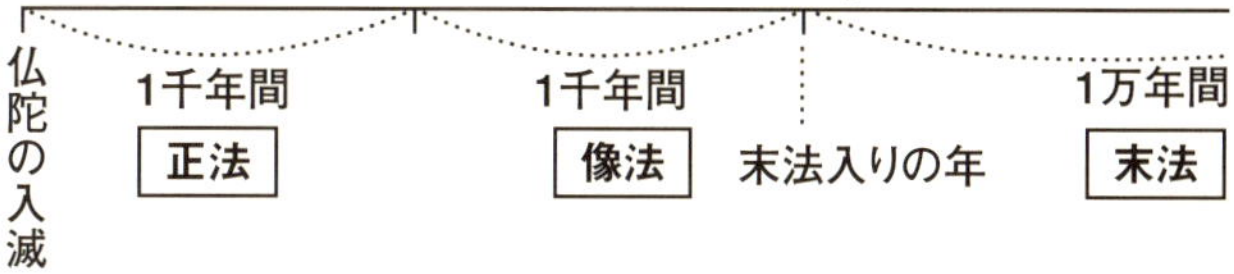

●仏陀の入滅後の1千年間を正法といい、正しく仏教が伝えられる。次の1千年間を像法といい修行の効果のでない時期。末法は次の1万年の間のことで、末法になると仏教の悟りを得ることができない、天変地異、戦乱に苦しむ時代がくるというもの

日本の仏教④　鎌倉時代の新仏教

4-18

●浄土宗

　平安時代に人々を不安にした末法思想の流行は、鎌倉時代になると落ち着きを取り戻します。なぜならこの時期、新しい仏教の宗派がいくつも登場してきたからです。

　天台宗の僧円仁が広めた浄土信仰を、**浄土宗**として**法然**が開宗しました。法然はただ念仏を唱えれば誰でも極楽浄土に行けるとして、難しいことを学んだり厳しい行を行なうことはまったく必要ないと説きました。南無阿弥陀仏と唱えればそれだけで救われるというやさしい教えは、武士や農民の間に広く浸透していきました。

　念仏を唱えるだけで往生できるとする**専修《せんじゅ》念仏**の教えを説いた法然は、修行を重んじる旧仏教修行者らから反発を買い、瑣細なことを理由に流罪にされてしまうのでした。

●浄土真宗

　同時期に島流しにされたのが、法然の弟子の**親《しん》鸞《らん》**です。親鸞は法然の浄土宗を念仏を唱えて極楽浄土をかなえる他力本願であると位置づけた上で、阿弥陀仏は信じるだけで救われると説き**浄土真宗**を開きました。

　念仏を唱えるにしても自分の力で往生しようとすることに対して、すべては阿弥陀仏のおはからいによるものとお任せする絶対他力を説いたのです。信仰心をもつだけで救われるとした**悪人正機説**が有名です。悪人正機説とは善人は自分の力で成仏しようと努力するけれど、悪人は真に救われたい思いで仏に頼るので阿弥陀仏は他力本願を信じる悪人をこそ救うというものです。

　親鸞の語録を弟子がまとめた『**歎異抄《たんにしょう》**』のなかにあります。

浄土宗

鎌倉時代になると末法思想も落ち着き、新仏教が起こる

天台宗の僧 **円仁** ▶ **浄土信仰**を広める ▶ 浄土宗として **法然が開宗**

▼

修行を重んじる旧仏教
修行者からの反発

▼

法然
土佐国へ流罪となる

「南無阿弥陀仏」
と念仏を唱えるだけ
（専修念仏）

▼

極楽浄土

浄土真宗

法然の浄土宗を他力本願と位置づける
（念仏を唱えて極楽浄土）

▼

阿弥陀仏を信じるだけで救われる
法然の弟子親鸞は**絶対他力**を説いて浄土真宗を開く

▼

悪人正機説……『歎異抄』

善人は自分の力で成仏しようと努力するけれど、悪人は救われたい気持ちだけで仏にすがる（他力本願の悪人をこそ救う）

★ONE POINT★

● **歎異抄**
親鸞の語録を、弟子の唯円がまとめた。親鸞没後に起こった異義に応える内容がまとめられたという

日本の仏教⑤　新宗派のいろいろ

4-19

●武士に好まれた禅宗

鎌倉時代は、一般民衆に浄土宗、浄土真宗が支持された一方で、武士たちの間には**禅宗**が広まりました。禅宗は仏教の教義を理解したり解釈するのではなく、坐禅を組んでひたすら瞑想をすることで悟りの境地に到達しようというものです。精神修養も兼ねて坐禅を組むという簡単な修行のスタイルが武士に好まれたようでした。

坐禅は古代インドに生まれた修行のひとつで、**ヨガ**などともとを同じくするものです。インドの**達磨**《だるま》が坐禅を仏教に取り入れ、中国の宋で広まったものを、日本へ伝えたのは**臨済宗**を開いた**宋西**と**曹洞宗**の**道元**によってです。

禅を組むことで悟るところはどちらも同じですが、臨済宗では戒律を重視し、曹洞宗では**只管**《しかん》**打坐**《だざ》というひたすら坐禅を組んで瞑想するという違いがありました。

●唯一絶対を謳った日蓮

当時の名のある宗教、天台宗・真言宗・浄土宗・禅宗などを学んだ**日蓮**は、**南無妙法蓮華経**《なむみょうほうれんげきょう》を唱える法華経こそが唯一絶対であるとして、**日蓮宗**の布教に尽力しました。

念仏無間、**禅天魔**、**真言亡国**、**律国賊**（念仏は無間地獄に堕ち、禅宗は天魔の教え、真言宗は国を亡ぼし、律宗は国に反する教えを説く）といって日蓮宗以外の宗派を痛烈に批判、とくに念仏信仰を最も非難したために、浄土教の信者に襲われることもありました。あまりの過激な日蓮に対して、鎌倉幕府は佐渡へ島流しの刑に処しますが、鎌倉へ戻るとまた布教を続けたのです。

日蓮の教えは武士から農民まで幅広い層に受け入れられました。

禅宗

浄土宗、浄土真宗 ―――― 一般民衆の支持を得る
禅宗 ―――――――――― 武士の支持を得る

仏教の教義を理解、解釈するのではなく ―→ 坐禅・瞑想

坐禅・瞑想をすることで悟り、精神修養効果有

臨済宗（栄西）	共通点	曹洞宗（道元）
戒律を重視	禅を組んで悟る	只管打坐（ひたすら坐禅）

坐禅
古代インドで生まれた修行のひとつ
インドの達磨が仏教に取り入れ中国の宋で広まったもの

日蓮宗

日蓮は＜天台宗・真言宗・浄土宗・禅宗＞を学び ⇒ **法華経**こそが唯一絶対

日蓮宗 を布教（幅広い層に支持される）
＜念仏無間、禅天魔、真言亡国、律国賊＞と他派を批判

★ONE POINT★

● **達磨**
禅宗の始祖、生没年不詳。インドのバラモンに生まれ中国に渡る。少林寺で9年間面壁坐禅をしたといわれるが、伝説的要素大

仏教の儀式と行事

4-20

●仏教の儀式

仏教の儀式といえば、出家の際の方法があります。在家で行なう場合などもあり、また宗派によってそれぞれのやり方があることでこれと決定できるような儀式はないといってもよいでしょう。

キリスト教の洗礼に相当するものとして**授戒**《じゅかい》と呼ばれる儀式があります。授戒の儀式には入信者のほかに戒を授ける師と儀式を執り行なう3人の師、証人になる人が7人います。

これを**三師七証**《さんししちしょう》といいます。この参加者に反対するものがいないかを確認することで、授戒が成立します。実際には簡略化して行なうことも多いようです。

鎌倉時代に各宗派の基礎が確立した日本の寺院は、江戸時代になると**檀家制度**を設け葬儀と**宗旨人別帳**の管理をすることが、幕府によって定められました。以来檀家となった寺院の決められた行事を行ない、生活に密着したものとなって現代に続いています。

●仏教の行事

3月、9月の**彼岸会**《ひがんえ》は一般にはお彼岸としてよく知られていますが、先祖供養と浄土への往生を願う日です。

8月の**盂蘭盆会**《うらぼんえ》は、故人をお迎えして先祖供養をします。12月の**修正会**《しょしょうえ》には煩悩を払う除夜の鐘が108回鳴らされます。

数多くの宗派がある日本の仏教の行事は、各宗派それぞれで独自の行事が行なわれているのが現状です。

そのほか日蓮宗が法華経を1千回唱和する**千**《せん》**部会**《ぶえ》や12月に不眠不休で8日間、坐禅を組む禅宗の**臘八大摂心**《ろうはつだいせっしん》などが行なわれます。

授　戒

仏教徒となるための儀式

一般的な儀式として
20歳をすぎた入信希望の者に
戒律を守ることを誓わせる

三師（儀式を執り行なう）

三師七証
（3人の師と7人の証人）

（反対するものがいないか確認する）

鎌倉時代 ― 各宗派の基礎が確立
江戸時代 ― 檀家制度（宗旨人別帳の管理、葬儀）

仏教の行事

3月、9月　**彼岸会**　（先祖供養など）
8月　**盂蘭盆会**（迎え火、送り火で先祖の冥福を祈る）
12月　**修正会**　（新年の吉事を祈願する）

そのほか　仏陀の誕生日を祝う日、悟りを開いた月、入滅の日を祝うあるいは冥福を祈る行事などがある

徐福伝説

2世紀頃の中国で始まった道教の究極目的には、不老長寿がありました。もとは自然発生的に生まれた民間宗教だったため（216ページ参照）、神仙思想などがベースとなっていました。神仙思想とは、不老不死といわれる仙人（神仙、神人ともいわれる）が実在し、不老不死の薬をつくりもっていたとするものです。

紀元前221年に、中国史上最初の統一国家をつくった秦の始皇帝（紀元前259～前210年）は、不老不死あるいは不老長寿の薬を求めて仙人を探す旅をしていたことでも有名です。あるとき始皇帝は、仙人の領域に達していると評判の徐福に会います。徐福は名家の出身だがそれを嫌い、修行の道を選んだといわれる人物でした。徐福は始皇帝から不老不死の薬がどうしたら手に入るかを尋ねられると「東海のはるかかなた蓬莱山にありますが、そのためには金銀珠玉と莫大な穀物、さらに子どもが3,000人必要です」と答えたのです。

始皇帝は不老長寿の薬が得られるなら、と徐福の申し出をすべて受け入れ、徐福を蓬莱山に見送ったのでした。

しかし徐福は二度と始皇帝の前に姿をあらわすことはなかったのです。一説によると日本に流れ着き富士山に定住したともいわれ、各地に徐福伝説が残されています。

第5章

ユダヤ教

ユダヤ教のおこり①

契約の宗教

5-1

●契約の宗教ユダヤ教

ユーフラテス川の岸辺で遊牧をしていたヘブライ人の**アブラム**は、ある日神（ヤハウェ）の声を聞きます。「カナン（のちのパレスチナ）の地へ行きなさい。カナンをアブラムの子孫に与えよう」というものでした。アブラムは神の声に従い、一族を連れてカナンへ行き国民の父の意味の**アブラハム**と改名してその地に住みました。これを**アブラハムの契約**と呼ぶのです。

ユダヤ教は契約の宗教と呼ばれます。神と人が契約を交わすことで成立している宗教だという考えからです。カナンの地に暮らすアブラハムに神は約束通り子どもを授けます。**イサク**と名づけられたその子を，神は犠牲の捧げものとするようにアブラハムに命じます。

アブラハムは神の命に従ってイサクを殺そうとするのですが、神はギリギリのところでアブラハムを止めます。神はアブラハムの神への忠誠心をためしたのでした。

アブラハムの子イサクは神との契約通り、子どもの**ヤコブ**に12人の息子を与えられ、イスラエルの12の部族の祖となりました。

●世界で最も古い宗教

ユダヤ人の祖となったヤコブはのちに飢饉《ききん》に襲われてエジプトに移住します。紀元前20世紀から15世紀までにユダヤ教が確立されたのですが、これは現存する宗教のなかでは最も古い歴史をもつ宗教です。

ユダヤ教の神は、ヤハウェです。

古い歴史をもつユダヤ教の特徴は、神が唯一絶対であることです。古代の宗教がほとんど多神教であったからです。

契約の宗教

ヤハウェの啓示を聞く「カナンの地へ行きなさい。カナンをアブラムの子孫に与えよう」

**ヘブライ人
アブラム**

ユーフラテス川の岸辺で遊牧

神の声に従い
一族を連れて
カナンへ行く

ユダヤ教は神と人とが契約を交わすことで成立する契約の宗教

アブラハムと
改名し、その
地に住む

アブラハムの契約

アブラハムの子
イサク

イサクの子
ヤコブに
12人の息子

イサクの子どもヤコブに12人の息子を与えイスラエルの12部族の祖となる

エジプトへ

世界で最も古い宗教

- ユダヤ教は紀元前20世紀から15世紀までに確立された。これは現存する宗教のなかでは最も古い歴史をもつ宗教
- ユダヤの神は、ヤハウェ。神は唯一絶対である

ユダヤ教のおこり②

モーセのシナイ契約

5-2

●宗教的指導者モーセの出現

アブラハムの契約によってカナンで暮らすヤコブを祖とするユダヤ人たちでしたが、のちに災害に遭いエジプトに移住すると、エジプトにとっては迷惑な存在のユダヤ人たちは奴隷のように扱われ迫害されます。その時代、生まれたのが**モーセ**でした。モーセは奴隷の子として生まれますが、エジプト人に育てられ神の啓示を受けます。

その啓示に従い200万人のユダヤ人を率いて、モーセはカナンに向かいます。これが**出エジプト**で紀元前13世紀頃のことです。この頃にユダヤ教の現在に伝わる宗教としてのかたちを確立したものといわれています。

●シナイ契約の締結

途中エジプト軍に追われたものの**葦の海**（現在の紅海）に道ができて、ユダヤ人だけが渡ることができる奇跡を経験して**シナイ山**へ到達します。そこでモーセはユダヤ人が守るべき10の戒律、十戒を授かります。**十戒**を守ることでユダヤの民は救われるという契約を、神との間で結んだのが**シナイ契約**です。

十戒は石板に刻まれ、**契約の箱**（アーク）に納められて、その後一行が40年間もの間荒野を放浪する際にももち運ばれたといいます。やがてカナンに着くと、先住民と戦いの末に勝利をすると、カナンの地に入ることができたのですが、モーセはすでに死亡していました。モーセの後継者となったのは**ヨシュア**でした。

ユダヤ教ではユダヤ人のみが救われると考えるために、ユダヤ人しか信徒はいません。神に選ばれた民族と信じる、**選民思想**はユダヤ教の特徴でもあります。

モーセの出現

カナンの地で暮らすヤコブを祖とするユダヤ人

災害に遭う

モーセ誕生

モーセは奴隷の子として生まれるが、エジプト人に育てられ神の啓示を受ける

エジプト

エジプトの地で奴隷のように扱われ迫害される

200万人のユダヤ人を率いて、モーセはカナンへ向かう

葦の道を渡る

出エジプト

ユダヤ教確立

シナイ山

シナイ契約

十戒を守ることでユダヤの民は救われる

モーセ十戒を授かる

モーセ死亡

一行は40年間もの間放浪をする

カナンの地へ

★ONE POINT★

●選民思想

ユダヤ教徒は、イスラエルの民であり、唯一絶対の神に選ばれた民「選民」であるという考えをもつ。ユダヤ教はユダヤ人のみの宗教

ユダヤ教の聖典　二大聖典

5-3

●中心的律法トーラー

ユダヤ教は戒律の数が多いことで知られていますが、その戒律を定めたユダヤ人の聖典が『**律法**（**トーラー**）』と『**タルムード**』の二つです。『律法』とは、『**ヘブライ語聖書**』（『旧約聖書』）からの5書のこと）のことをいいます。『ヘブライ語聖書』は、**律法**（モーセ五書）、**預言者**（ネビイーム）、**諸書**（ケスビーム）から成り、創世記、出エジプト記、レビ記、民数紀、申命記として編纂されたモーセ五書が重要な律法です。

出エジプト記と申命記に記された十戒（神がモーセに授けた十の戒律）はユダヤ教の中心となる律法です。戒律の数は613個とかなり多いものですが、十戒は基本となる10の戒律を示しているものです。

1、ヤハウェを唯一絶対神とする
2、偶像崇拝の禁止
3、神の名をみだりに唱えることの禁止
4、6日働き、7日目は安息日とする
5、父母を敬わなければいけない
6、人を殺してはいけない
7、姦淫の禁止
8、盗むことの禁止
9、偽証の禁止
10、隣家を欲することの禁止

●日常の指針タルムード

聖書以外の日常的な生活の指針となる口伝による律法をまとめたものが、『タルムード』です。ユダヤ教の律法教師**ラビ**が解釈しているものを集大成していて、食事、祈り、結婚などの生活の細々としたことから、農業、商業など幅広い内容にわたり記されています。

ユダヤ教の聖典

二大聖典

- 律法『トーラー』
  - **創世記**　世界創造と民族の起源
  - **出エジプト記**　出エジプトとシナイ契約
  - **レビ記**　祭祀などのことについて
  - **民数記**　出エジプト後の民族について
  - **申命記**　モーセによって編纂された律法書
- タルムード
  - 紀元後200年頃にできた、ユダヤ教の律法教師ラビが解釈したものを集大成した書
  - 日常の指針となることが記されている食事、祈り、結婚、農業、商業などについて

（出エジプト記・申命記）→ モーセの十戒が載る部分

十戒

1 ヤハウェを唯一絶対神とする
2 偶像崇拝の禁止
3 神の名をみだりに唱えることの禁止
4 6日働き、7日目は安息日
5 父母を敬う
6 人を殺してはいけない
7 姦淫の禁止
8 盗むことの禁止
9 偽証の禁止
10 隣家を欲することの禁止

ユダヤ教の戒律613
↓
基本となる10
↓
十戒

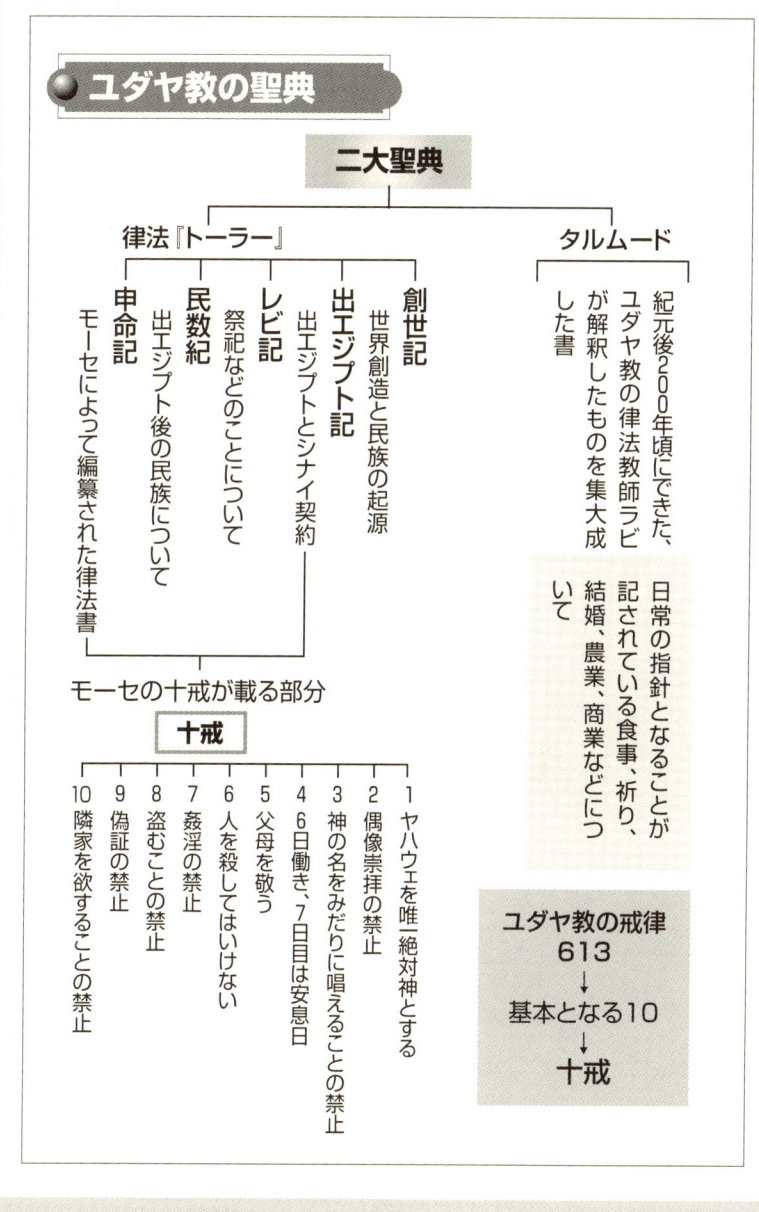

ユダヤ人の歴史① 王国の建国と捕囚

5-4

●イスラエル王国建国

紀元前13世紀に、モーセとともにカナンの地を目指したイスラエルの民は、**エリコの戦い**（カナンでの先住民族との戦い）を経てカナンへ戻ることができました。やがて前11世紀には**イスラエル王国**を建国します。**ダビデ王**は理想的な王としてイスラエルの民に迎えられ、続く**ソロモン王**の時代には黄金期を迎えるのでした。

イスラエルにとって初めての神殿と王宮がつくられ、十戒が刻まれた契約の箱が神殿に納められたのがこの頃です。しかし、ソロモン王は近隣国から異教の妻妾を何人も迎えたことがひとつの原因となって、前928年になるとイスラエル王国は、北の**イスラエル王国**と南の**ユダ王国**に分裂してしまいます。

●王国の分裂と捕囚

イスラエル王国はソロモン王が亡くなると北と南に分裂し、北のイスラエル王国は分裂後約200年ののちに**アッシリア**によって滅ぼされてしまいます。南のユダ王国はそれから約130年後に**新バビロニア**によって滅亡させられるのです。

新バビロニアのネブカドネザル2世は、ユダ王国の**エルサレム神殿**を破壊し、貴族、聖職者といった中産階級の市民を多数バビロニアに連行したのです。

これを**バビロン捕囚**といいます。

そののちバビロニアがアケメネス朝ペルシアに侵攻されると、ユダヤ人はエルサレムへの帰国が許されます。

バビロン捕囚の体験は、その後のユダヤ人たちに世界のどこに生活していても、宗教を守るという姿勢を身につけさせたのです。

イスラエル王国

王国建国と分裂

◆紀元前13世紀

出エジプト
（モーセとともにイスラエルの民はカナンを目指す）
←
カナンで先住民族との戦い
←
カナンへ戻る

◆前11世紀

イスラエル王国建国
（ソロモン王時代に黄金期を迎える）

◆前928年

イスラエル王国分裂
（北のイスラエル王国と南のユダ国）

◆前586年

バビロン捕囚
（貴族、聖職者をバビロニアに連行）

バビロン捕囚

前586年　バビロン捕囚

南北に分裂したイスラエル王国

北
アッシリアによって滅ぼされる

南
新バビロニアによって滅亡させられる

ネブカドネザル2世

- エルサレム神殿破壊
- 貴族、聖職者を新バビロニアに連行

前538年
バビロニアがアケメネス朝ペルシアに侵攻されると、ユダヤ人はエルサレムに帰された

連行されるユダヤ人たち

ユダヤ人の歴史②

独立王朝とローマ支配

5-5

●ハスモン朝の成立

ペルシアの政策は、征服した国の宗教や信仰については自由を認めていたのですが、**セレウコス朝**時代になると状況は一変します。アンティオコス4世は、ユダヤ教を禁止してギリシアの政策に同化しようとしたのです。さらに遇像崇拝をユダヤ人すべてに強制したことで、ユダヤ教司祭らによって反乱が起こされます。

この反乱に勝利したユダヤ人たちは偶像を廃除し、エルサレム解放に成功します。勢力を広げていたローマと同盟を結ぶことで独立が約束され、ハスモン一族による**ハスモン朝**が成立します。しかし紀元前63年になると、ローマのポンペイウスによってエルサレムは侵攻され、ローマの支配下に置かれます。独立国家ハスモン朝の時代は80年の短い期間でしかありませんでした。

●ローマの支配下に置かれる

ローマの支配のもとハスモン朝時代の領土は奪取され、以降内紛が続くことになります。ユダヤ教信徒のなかが社会階層の違いによって分派するのです。ハスモン一族などの富裕層に支配されたのが**サドカイ派**で、司祭の重要性を説く立場でした。一方の**パリサイ派**は分離主義者などと呼ばれ、サドカイ派が否定する霊魂を尊重する立場をとったのです。

ユダヤ人の間で宗派間の争いが繰り広げられる一方で『ヘブライ語聖書』が編纂されたのがこの時期でした。また**シナゴーグ**（ユダヤ教の会堂）での礼拝やトーラーの朗読が行なわれるようにもなります。シナゴーグは、単に礼拝の場としてだけではなく社交場としての役割りを果たすものとしても重要なのでした。

ローマによる支配

◆紀元前538年
エルサレム帰国
（バビロニアに捕囚されていたユダヤ人の帰国）

セレウコス朝になると、ユダヤ教を禁止し、偶像崇拝を強制する

ユダヤ教司祭らによる反乱
エルサレム解放

◆前142年
ハスモン朝成立

◆前63年
ローマによりエルサレム侵攻
（以後ローマ支配）

紀元30年頃
イエスの処刑

○ユダヤ人であったイエスは死ぬまでユダヤ教徒だった。そのためにイエスと12人の使徒は過《すぎ》越《こし》の祭を祝ったのがレオナルド・ダ・ヴィンチなどの画家によって描かれた「最後の晩餐」だ。このあと弟子に裏切られたイエスは処刑される。このときイエスをキリスト（救世主）と認めたものはキリスト教徒となり、拒否した者がユダヤ教徒となる

（弟子が布教することによってキリスト教が確立する）

［当時のユダヤ教の律法学者たちは、キリスト教はユダヤ教の分派のようにしか考えてはいなかった。しかしイエスをメシアであると考え、信ずる者は急速にふえていった］

★ONE POINT★

●過越の祭（ペサハ）

ユダヤ人たちがエジプトでの迫害からのがれるために、モーセに率いられてエジプトを脱出したことを祝うユダヤ教最大の祭

5-6

ユダヤ人の歴史③ ユダヤ戦争

●第1次ユダヤ戦争

ローマ帝国によるユダヤ支配は、エルサレム神殿をギリシア様式で改築してしまうなど、ユダヤ人にとっては許されざるものでした。紀元前66年にユダヤ人とギリシア人の間で争いが起こると、この争乱を鎮圧するため軍を派遣したローマ皇帝ネロは、エルサレムの神殿を焼き払いエルサレムを制圧します。

約4年間にわたるこの戦いを**第1次ユダヤ戦争**と呼びます。この戦争によって犠牲となったユダヤ人は50万人とも60万人ともいわれ、ローマに連れ去られて奴隷となった者も数多くいたのです。が、ユダヤ人のローマに対する反乱は、これだけではありませんでした。

●第2次ユダヤ戦争

紀元後132年には、再度ローマに対するユダヤ人の反乱が起こっています。民衆はローマの圧制から解放してくれるメシアの存在を待ち望むのですが、結局この**第2次ユダヤ戦争**でユダヤは壊滅的な打撃を受けることになります。

エルサレムを徹底的に破壊したローマ軍は、エルサレムへのユダヤ人の立入りを禁止し、生き残ったユダヤ人は奴隷として売られました。命だけは助かったユダヤ人たちも帰る国を失い、世界のあちこちへ離散する以外に方法がなかったというのが現実でした。

またローマ帝国では、この時期までは多神教で新興のキリスト教を激しく迫害していた時期でもありましたが、キリスト教を国教と定めると、ユダヤ教も他の宗教と同じく異教となり、公職からはずされたユダヤ人差別が、公然と行なわれるようになったのです。

第1次ユダヤ戦争

ローマ帝国によるユダヤ支配

○エルサレム神殿をギリシア様式で改築する

↓

紀元66年　ユダヤ人とギリシア人の間で抗争
（第１次ユダヤ戦争勃発）
ローマ軍はユダヤ人であれば
手あたり次第に殺害

↓

紀元70年　ローマ皇帝ネロにより、エルサレム神殿が焼き払われる

第１次ユダヤ戦争で犠牲になったユダヤ人は50万人～60万人といわれ、ローマに連行されて奴隷となった者も数多くいた

第2次ユダヤ戦争

○ユダヤ人による再度の反乱

↓

紀元130年　ローマ皇帝ハドリアヌスにより、
エルサレム神殿跡地をギリシアの
神々の地として再建を図る
これに対して反乱を起こす
（第2次ユダヤ戦争）

↓

紀元138年　エルサレムを徹底破壊
ユダヤ人の立入りを禁止する

第２次ユダヤ戦争では50万人のユダヤ人が殺されている。生き残ったユダヤ人は奴隷となる者、帰る国を失い世界各地へ離散

5-7 流浪するユダヤ人（ディアスポラ）

●ディアスポラ

2度にわたるユダヤ戦争の結果、ユダヤ人は国を失い世界へ離散する流浪の民族となりました。ユダヤ人の歴史は、バビロン捕囚の頃から離散する民の歴史のはじまりでした。

このようなユダヤ人のことを**ディアスポラ**（ギリシア語で離散を意味する）と呼びますが、**パレスチナ**以外の地に住むユダヤ人のこともあらわすこともあります。

国を失い、各国に離散したユダヤ人が異国の地でその地に同化することなく、ユダヤ人としての強い意志をもち続けて、長きにわたりユダヤ教の教義を堅持し続けたということは、驚異的ともいえることなのです。

●キリスト教からの迫害

その教義の違いによって互いに敵対してきたユダヤ教とキリスト教でしたが、11世紀頃にはキリスト教徒によるユダヤ人に対する迫害はかなり厳しいものでした。ヨーロッパの地でのユダヤ人は、土地を所有することが許されませんでした。農業をすることができず、商業も制限されたのです。

生活の場が都市に限定されたユダヤ人にとって生活の資を得る方法は、キリスト教徒が最も蔑んだ金貸業でしかなかったのです。

1179年には、キリスト教会議で金融業にはユダヤ人がなることを決議しています。しかしその結果、かえって多くの富をユダヤ人のもとに集めることとなり、ユダヤ人に対する反感はますます大きくなるのでした。

13世紀には、ユダヤ人を一目で色別させるために色帽子の着用やバッジをつけさせるなどといったこともありました。

ディアスポラ

２度にわたるユダヤ戦争の結果、ユダヤ人は国を失い世界へ離散する民となった → このようなユダヤ人をディアスポラと呼ぶ

ディアスポラの歴史は、紀元前596年からのバビロン捕囚の頃からすでにあったとされる。それから現在に至るまで、異国の地でユダヤ人としてユダヤ教の教義をもち続けたことは、驚異的といえることとされる

ユダヤ教への迫害

離散した国々で、ユダヤ人は住む場所を制限されたり、政治的に圧迫されるなどさまざまな差別を受ける

11世紀 キリスト教による迫害　職業に対する差別

↓

ヨーロッパでのユダヤ人は → 土地を所有することの制限
（農業をすることができない）

キリスト教では最も蔑む → 商業に対する制限
（金貸業を営むしかなかった）

↓

その結果、皮肉にも多くの富がユダヤ人のもとに集まった

★ONE POINT★

●ユダヤ人差別

『ヴェニスの商人』シェイクスピア（イギリス）の有名な戯曲で1596年頃の作。非情な高利貸し、ユダヤ人シャイロックの訴訟事件を扱っているが、ユダヤ人への偏見がよくあらわされていることでも知られている

5-8 シオニズム

●ユダヤ人国家の建設

ヨーロッパ各地に離散していたユダヤ人にとって、故郷エルサレムに帰ることはいつの時代も悲願でした。19世紀になると、ユダヤ人のなかにエルサレムに国家を建設しようと運動するアハッド・ハ・アムという人物があらわれます。

アムらによるエルサレムにあるシオンの丘に帰ろうという主張と政治運動とが結びついて**シオニズム**と呼ばれたのです。

１８９７年には、**第1回世界セオニスト会議**が開催され、パレスチナにユダヤ人国家を建設することが決議されます。これによってユダヤ人のパレスチナ入植が１９２０年以降から行なわれますが、先住していたアラブ人とユダヤ人との間に衝突が起こります。

１９４７年には国連によるアラブ人、ユダヤ人の居住地域を分割する決議が採択されるのですが、以後中東戦争としてイスラエルとアラブ諸国の激しい戦いが現在まで繰り広げられることになるのです。

●聖地エルサレム

イスラエルのエルサレムはユダヤ教にとっての聖地です。しかしユダヤ教だけではなく、キリスト教、イスラム教にとっても共通の聖地なのです。

イスラエルとアラブ諸国との紛争に加えてパレスチナ人の抵抗運動などが複雑に絡み、近隣諸国との関係もイスラム過激派との紛争に発展しているのが現在の状況です。２００７年にはイスラム主義ハマスが、パレスチナ自治政府の政権をとり、パレスチナでは対立が激化し、レバノン、シリア、ゴラン高原をめぐる紛争は現在も続いているのです。

ユダヤ人国家の建設

故郷エルサレムに帰ることは、**ユダヤ人の悲願**

エルサレムに国家建設
（アハッド・ハ・アムが運動）

エルサレムシオンの丘に建設

シオニズム… 政治運動

1897年	第1回世界セオニスト会議開催 （パレスチナにユダヤ人国家建設決議）
1920年以降	ユダヤ人のパレスチナ入植始まる 先住していたアラブ人との抗争起こる
1947年	国連による居住地域分割決議

聖地エルサレム

ユダヤ教、キリスト教、イスラム教の聖地
エルサレム

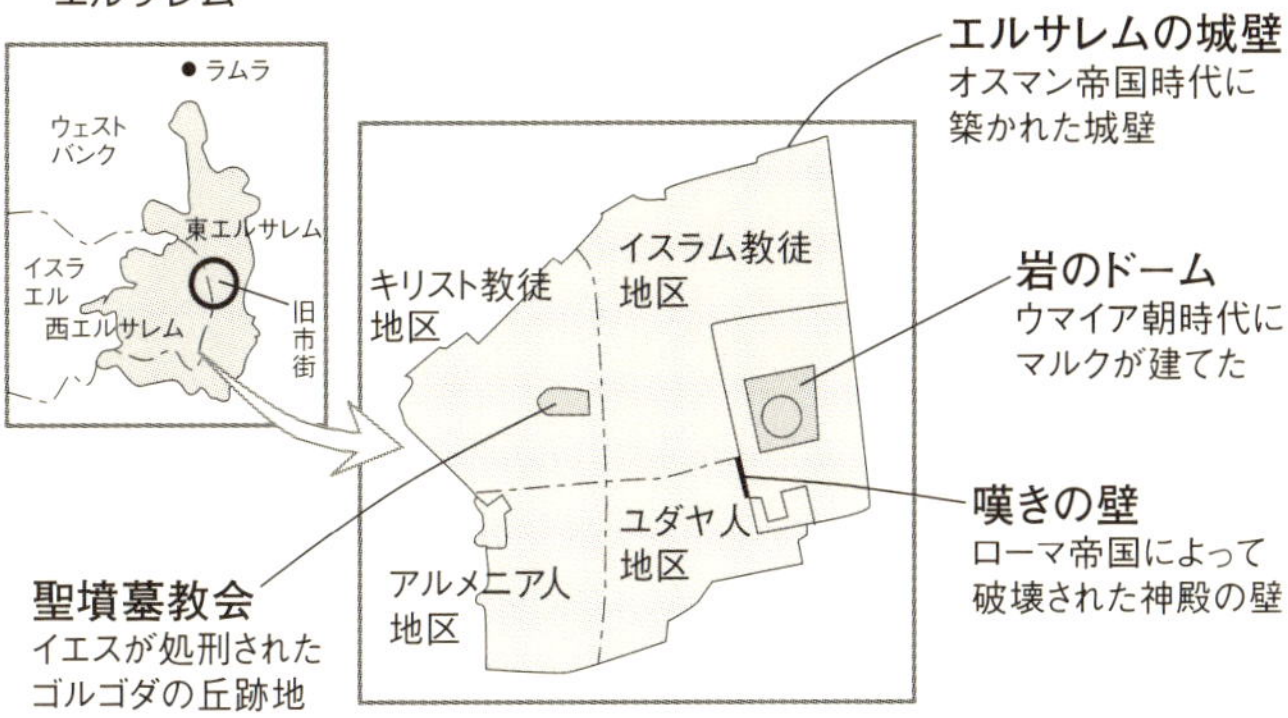

5-9

ユダヤ教の儀式と習慣

●通過儀礼・儀式

ユダヤ教では戒律が厳しく、その数が多いことはよく知られています。ユダヤの伝統的生活を守り慣習を大切にすることからです。人生の定められたときに行なわれる**通過儀礼**には、生後8日で男子のみが行なう**割礼**があります。13歳になるとユダヤ人の共同体の一員とみなされる、成人の祝いが儀式として執り行なわれます。

ユダヤ教徒にとって一日3回の礼拝は大切な儀式です。礼拝が行なわれる教会がシナゴーグなのですが、このシナゴーグはユダヤ教徒にとって社交の場でもあります。地域の集会施設として、結婚式場やバザーなどが行なわれることもあります。世界中に離散して暮らすユダヤ人にとって、シナゴーグは重要な基地としての役割りを果たす場所なのです。

●祭・安息日・食習慣

ユダヤ教では祭も数多くあります。歴史にまつわるユダヤ教徒として感謝するべき行事などが主で、楽しいものばかりではありません。**スッコト**（仮庵祭《かりいおさい》）は、エジプトからカナンへ戻る苦しい日々を思い出すお祭です。

安息日には外出は禁止され、車の運転やガスの使用も控えられるので、買い物なども一週間の6日目にすべて済ませ、7日目は家で過ごすことが基本となります。

ユダヤ教徒の食習慣は、とても細かく定められています。豚は食べません。牛肉も正式な手続きを経て解体された牛でなければいけません。また肉類は乳製品とともに調理してはいけないのです。魚は問題ありませんが、エビ、イカ、貝類は食べてはいけません。

通過儀礼・儀式

ユダヤ教の戒律は613もあり、数が多く厳しい
ユダヤの伝統的生活を守り習慣を大切にすることから

生後8日———男子のみが行なう割礼
13歳———ユダヤ人の共同体の一員とみなされ、成人の祝いを儀式として行なう

1日3回の礼拝はユダヤ教徒にとって大切な儀式

礼拝が行なわれる教会

シナゴーグ

ユダヤ教徒にとって社交の場であり、地域の集会施設
結婚式やバザーが行なわれる場でもある
ユダヤ人にとって基地となる場

祭・安息日・食習慣

祭　ユダヤ教の祭は歴史にまつわる、ユダヤ教徒として感謝すべき行事

安息日　外出の禁止・車の運転・ガスの使用などが控えられ、基本的には家で静かに家族と過ごす日

食習慣　豚、ウサギ、ラクダは食べてはいけない
牛肉は所定の手続きを経て解体されたものでなければならない。肉類と乳製品は一緒に食べない
（食卓に同じく載せてはいけないし、調理、洗い場も別にする）
魚は食べてもよい。野菜もよい。イカ、エビ、タコ、貝はだめ

5-10

世界で活躍するユダヤ人

●ユダヤ人の選民思想

ユダヤ人の人口は、世界で約１５００万人といわれています。ユダヤ人という呼称は、民族をあらわすものではなくユダヤ教を信仰する人のことを示します。ユダヤ教の特徴として**選民思想**（神に選ばれた者の宗教）があるため、布教活動をすることがないので、ユダヤ教徒が特別目立ってふえるといったことはありません。

世界に占める人口が少ないにもかかわらず、ユダヤ人の優秀さは特筆されるものがあります。哲学者の**スピノザ**や心理学者の**フロイト**、指揮者の**バーンスタイン**、作家の**カフカ**など学者や芸術の世界で多くの著名人を輩出しています。物理学者の**アインシュタイン**や経済学者の**マルクス**などもユダヤ人です。

●ユダヤ人が優秀な理由

ではなぜこれほどまでにユダヤ人に優秀な学者あるいは芸術家が多いのかというと、ひとつにはユダヤ人の迫害の歴史が挙げられるのです。迫害と差別はユダヤ人に職業選択の自由を与えることはありませんでした。そのために身につける学問や芸術を財産として、教育に力を注いだ結果だといわれます。

実業の世界でも、ユダヤ資本といわれる企業や金融事業で成功しているケースも数多くあります。これなどは、農業、商業から締め出され、貸金業をさせられた背景を考えるならば、当然の結果といってもよいでしょう。

ロスチャイルド銀行で有名な**ロスチャイルド家**は、ユダヤの金融財閥として世界を市場とする、国境を超えたビジネスの典型として、世界中の関心を集めているもののひとつです。

選民思想

・ユダヤ人の人口は、世界で1500万人
・ユダヤ人とは、民族をあらわすものではなく、ユダヤ教を信仰する人のことを示す
・ユダヤ教の特徴、選民思想のために、布教活動をすることはない

優秀なユダヤ人

哲学者	バールッフ・デ・スピノザ	(1632～1677年)
心理学者	ジークムント・フロイト	(1856～1939年)
指揮者	レナード・バーンスタイン	(1918～1990年)
作家	フランツ・カフカ	(1883～1924年)
物理学	アルバート・アインシュタイン	(1879～1955年)
経済学者	カール・マルクス	(1818～1883年)

○現在活躍している政治家のヘンリー・キッシンジャー(1923年～)や映画監督のスティーブン・スピルバーグ(1947年～)など、優秀な学者や芸術家を人口が少ない割に多数輩出している

なぜユダヤ人が優秀なのか

ユダヤ人の迫害の歴史によるところが大きい
迫害と差別によって職業を選択することのできなかったユダヤ人は、身につける学問や芸術を財産として、教育に力を注いだためといわれる

Column
宗教こぼればなし

仏教用語

現在の私たちが生活のなかで使っていることばが、仏教に由来するものは少なくありません。今はもう仏教とはまったく関係のないところで、あたり前に使っていることばもあります。

たとえば挨拶。挨が押すことをあらわし、迫るという意味の拶が合わさって、寺を訪ねた者が寺の和尚に問答を迫ったことを挨拶といったのですが、それが人と会ったときに交わすことばとなっています。

毎日お世話になっているふとんも実は仏教用語なのです。もとは坐禅のときに用いた蒲《がま》の葉で編んだ敷物のことをふとんといったのです。就寝のときに使用している、ふとんの意味はなかったのです。

店の商標などを染め抜いた暖簾《のれん》も、もとを正せば仏教用語なのです。冬の寒い時期に坐禅堂に入る寒風を防ぐための布をノウレンと呼んだところからきています。江戸の元禄時代頃には、このノレンが店の看板的役割りを果たすことになるのです。

実際よりも誇張することをおおげさといいますが、これは予想がつきます。僧侶の着衣袈裟が仰々しくなったものが大袈裟、今もそのままです。知らないけれど使っているものは、まだまだありそうです。

第6章

その他の宗教

6-1

ヒンドゥー教① 成り立ちと教義

●ヒンドゥー教の成立

現在のインドで人口の8割を占める信者の数をもつのが**ヒンドゥー教**で、民族宗教としては最大規模をもつものです。ヒンドゥー教はインドに古くから伝わる民間宗教と、古代インドで栄えた**バラモン教**の流れを汲んだ多様な神を信仰する民族宗教です。

紀元前500年頃には**仏教**や**ジャイナ教**といった宗教がインドには起こります。

それ以前からあったバラモン教に、インドの民間に伝わる信仰や風習として伝わっていた行事などを取り入れることで、人々の心をつかみ多様化した神を信仰する独特の宗教として、ヒンドゥー教が生まれたのです。

ヒンドゥー教の死生観は、バラモン教の教えを引き継ぐ**輪廻《りんね》思想**です。現世での善い行ないが来世を決定するので、この世では善く生きることが大切だとするものです。最終的に輪廻から脱すること（**解脱《げだつ》**）を目的とするために、修行としての日常生活での行為が問題とされるのです。

●人生の三大目的

ヒンドゥー教の信徒には、人生の目標とするものが3つあります。**ダルマ**（**法**）、**カーマ**（**愛欲**）、**アルタ**（**実利**）で、ダルマとは神への礼拝などの宗教的な果たすべき行為のことです。カーマとは、夫婦間の愛情を重要視して子孫の繁栄を心がけることです。そしてアルタは、ダルマとカーマを充実させるために必要とされる経済的な基盤を得ることです。

人生の3つの目的を果たすことができるならば、人は最大の目標である解脱も可能であると考えるのです。

ヒンドゥー教の成立

インドの人口の8割を占める信者をもつ――**ヒンドゥー教**

インドに古くから伝わる

バラモン教　**民間宗教**

多様な神を信仰

独特の宗教

ヒンドゥー教の死生観

バラモン教の教えを引き継ぐ

輪廻思想

最終目的 ▶ **解脱**

人生の三大目的

ダルマ（法）

宗教上の理想

神への礼拝など、宗教的に果たすべき行為のこと

カーマ（愛欲）

性愛の究極

夫婦間の愛情を重要視して、子孫の繁栄を心がけること

アルタ（実利）

経済上の実利

ダルマとカーマを充実させるために必要な経済的基盤を得ること

最終目的

解脱

ヒンドゥー教では、子孫繁栄を大切に考える。そのために経済あるいは宗教上の果たすべき役割りを守ることを必要とする

ヒンドゥー教② 三大神

6-2

●多種多彩な神々

民間宗教を基盤として発展したヒンドゥー教なので、信仰する神は多彩です。自然界にある動物や植物を神として信仰するなどの特色ももっています。また**聖典**『**ヴェーダ**』には多数の神々が登場するのですが、神話のなかで活躍する神は信徒にとって親しみがあるものとして信仰の対象となっているようです。

さらに特徴的なのが、もともとの神の姿のほかに何種類もの自然界の生きものに姿を変えて、その時々によって人々を救済するという神です。繁栄の神**ヴィシュヌ**は、ヒンドゥー教の最高神で太陽の神です。

時によって亀や猪などの動物に姿を変えて信徒の前に出現するというのです。もう一人の最高神が破壊神のシヴァ神です。**シヴァ神**は化身はしないのですが、破壊のほかに恩恵を与えるというもうひとつの側面をもっています。

●ヒンドゥー教の三大神

ヴィシュヌ神とシヴァ神に、宇宙の創造にかかわる**ブラフマー**の三神がヒンドゥー教の三大神と呼ばれるものです。ブラフマーが創造し、ヴィシュヌが維持繁栄を図り、シヴァが破壊するという関係にあります。

ヒンドゥー教では宇宙に対する認識があります。宇宙は上下二つに分かれていて、その間に大地（地球）が存在していると考えるのです。大地は7つの海と7つの大陸から成っているととらえられ、ブラフマーが支配しているというのです。神話に登場することの少ないブラフマーは、ヴィシュヌやシヴァほど人気がないため一般的にあまり信仰されることはないといいます。

ヒンドゥー教の神々

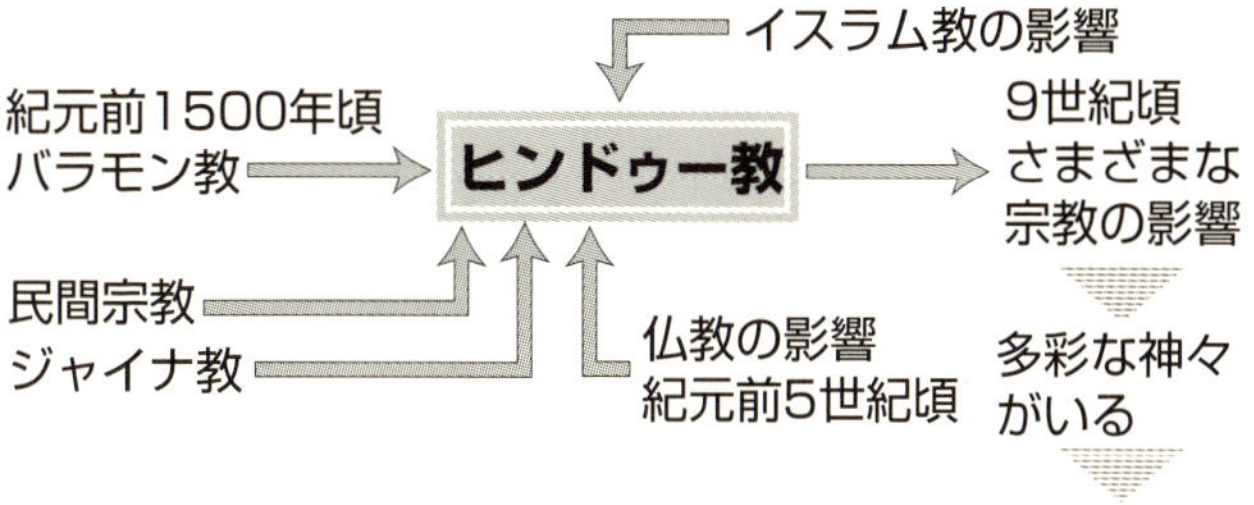
イスラム教の影響
紀元前1500年頃
バラモン教
ヒンドゥー教
9世紀頃
さまざまな
宗教の影響
民間宗教
ジャイナ教
仏教の影響
紀元前5世紀頃
多彩な神々
がいる

インドの人々にとってヒンドゥー教は、自然そのものであり生活に密着した信仰

三大神

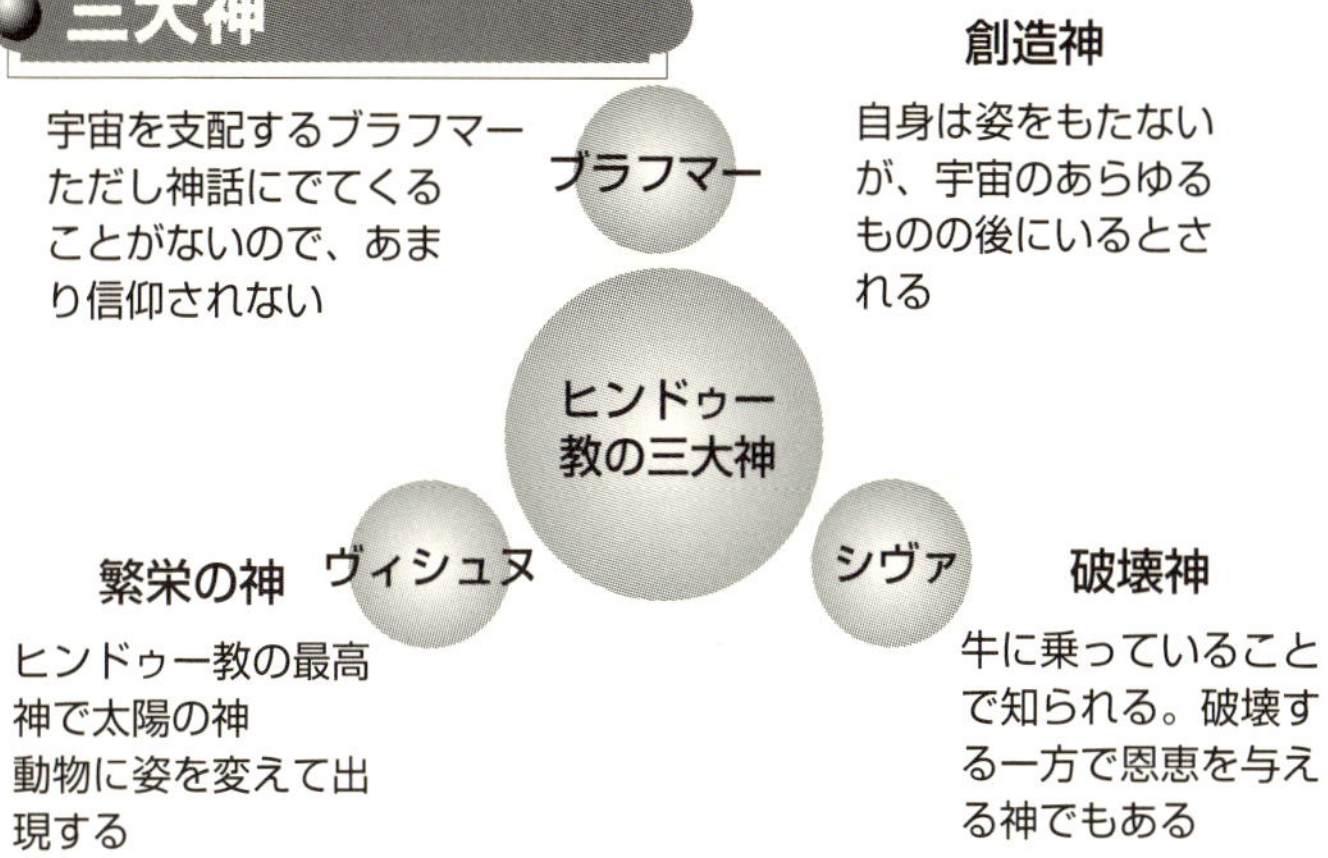
創造神
宇宙を支配するブラフマー
ただし神話にでてくる
ことがないので、あま
り信仰されない
ブラフマー
自身は姿をもたない
が、宇宙のあらゆる
ものの後にいるとさ
れる
ヒンドゥー
教の三大神
繁栄の神
ヴィシュヌ
シヴァ
破壊神
ヒンドゥー教の最高
神で太陽の神
動物に姿を変えて出
現する
牛に乗っていること
で知られる。破壊す
る一方で恩恵を与え
る神でもある

★ONE POINT★

●ヒンドゥー教の聖典類

ヒンドゥー教には多くの聖典があるが、権威ある特定のものはない。祭式規定や賛歌、呪文などを収めたヴェーダは、リグ･ヴェーダ、サーヌ･ヴェーダ、ヤジャル・ヴェーダ、アタルヴァ・ヴェーダの4種類がある

6-3

シーク教

●成り立ちと教義

16世紀、インドパンジャブ地方に**ナーナク**が始めた**シーク教**は別名シク教ともいいます。その頃のパンジャブ地方では、時を同じくしてイスラム教のムガール王朝が興った時期でもありました。

シーク教の教義は、ヒンドゥー教から引き継いだ輪廻転生の考え方をもとにして解脱を最終目的としつつも、唯一神を説くイスラム教の影響を受けた、ヒンドゥー教とイスラム教を融合させたものでした。

神は唯一絶対であり、神の前では人はみな平等であるとするイスラム教の教えをインド特有の批判に応用すると、カースト制度のもとで抑圧されていた下層階級の人々に支持を受けるようになりました。

シーク教の勢力が大きくなることに脅威を感じたムガール王朝は、シーク教を迫害するようになりますが、これに対抗したシーク教徒らは、武装化することによってムガール帝国との対立を深めます。１８５８年、シーク教のほか、反ムガールの小国などによってムガール帝国は滅亡します。

●シーク教の特徴

ムガール帝国との対立過程で、シーク教は団結を強くし武装を固める戦闘的な集団となっていったのです。懐剣を常に携え、短い袴（カッチュ）をはき、腕輪をつけました。髪は長く伸ばしてターバンで巻きつけ、髭をたくわえた姿はシーク教独特の特徴的なスタイルとなったのです。

シーク教徒は強い結束力と勇敢なその姿勢で、武闘だけではなく商業などでも成功している人が多くいます。現在もパンジャブ地方で活動しています。

シーク教の成り立ち

16世紀

インドパンジャブ地方でナーナクが始めた
シーク教

ヒンドゥー教から引き継いだ → カースト制度批判
輪廻転生
と
解脱を最終目標
とする

イスラム教の影響
（ムガール王朝）

迫害 **対立** 武装化

カースト制度批判
下層階級の人々の
支持を受ける

シーク教の特徴

姿に特徴
あり

ムガール帝国との対
立過程で団結を強め
武装集団となった

強い結束力と勇敢な
姿勢は商業でも成功
している人が多い

ジャイナ教

6-4

●禁欲主義の徹底

　インドでは紀元前6～5世紀頃に、多数の宗教が創出されました。長い歴史をもつバラモン教に飽き足らない人々が、次々と新しい宗教を送り出したのです。仏教も**ジャイナ教**もこの時期に誕生しました。

　宗祖**マハーヴィーラ**は王族の家系に生まれましたが、31歳で出家し苦行に耐えたのちに悟りを開いてジナ（勝利者）になりました。ジャイナ教の名は、このジナからきたものです。

　ジャイナ教はそのおこりも含めて、仏教にとてもよく似た宗教です。カースト制度に否定的で最終目標を解脱に求めました。しかし仏教に比べるとジャイナ教は苦行や禁欲主義を徹底し、苦行に耐えて解脱をした者には、マハーヴィーラの尊称が与えられました。

　ジャイナ教の信者には、守らなければならない三つの宝と五つの戒律があります。

●三つの宝と五つの戒律

三つの宝とは☆正しく信仰をすること　☆正しい知識を得ること　☆正しい行ないをすること　です。正しい行ないが重要です。

五つの戒律は☆生きものを殺生しないこと　☆虚偽の言動は慎むこと　☆盗みはしないこと　☆性的行為は行なわないこと　☆物的所有をしないこと　の五つです。

　ジャイナ教にとって最も大切なことは、生きものを殺さないことで、どんな小さなものにも命があると認識することです。常にマスクをして生活をし、小さな虫を吸い込むことのないようにします。道を歩くときには、虫を踏みつけてしまわないように、細心の注意を払うようにします。

ジャイナ教の成り立ち

紀元前5世紀頃

仏教と共通点が多い

カースト制度に批判的
最終目標解脱

マハーヴィーラが悟りを開く

↓

ジナ（勝利者）になる

↓

ジャイナ教の起こり

↓

仏教より苦行や禁欲主義が徹底している

三つの宝と五つの戒律

生活のうえで守らなければならない
5つのきまり

- 生きものを殺生しない
- 虚偽の言動は慎む
- 盗みはしない
- 性的行為は行なわない
- 物的所有をしない

→ どんな小さなものにも命があると認識し、虫を吸い込まないように常にマスクをして生活する

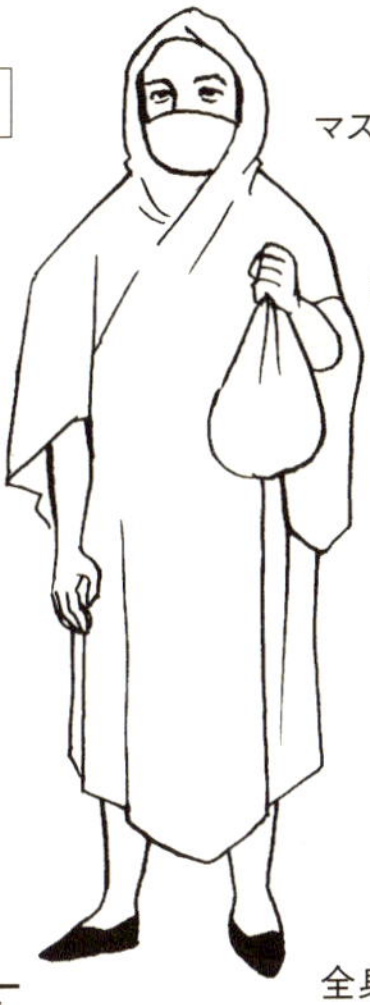

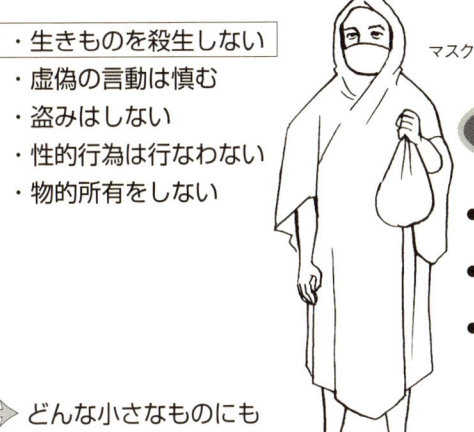

3つの宝

- 正しく信仰をすること
- 正しい知識を得ること
- 正しい行ないをすること

バハーイ教

6-5

●バハーイ教の成り立ち

イスラム教の創始者ムハンマドが亡くなったあと、ウンマ（イスラム共同体）は、後継者問題からいくつかに分派をします。そのなかでムハンマドの血をひくシーア・アリーの血筋だけを後継者と考えるシーア派の流れを汲んだ**バーブ教**がありますが、バーブ教からさらに分派してできたのが**バハーイ教**です。

バーブ教で宗教活動をしていた**バハー・アッラー**は、神の啓示を受けるとバーブ教から離れ、バハーイ教を興します。19世紀中頃のことです。バハー・アッラーはイスラム教国からの迫害を受けますが、パレスチナの地で布教を続けバハーイ教の**聖典**『**アクダス**』を書き上げます。バハー・アッラーの後を継いだ息子の**アブドル・バハー**は熱心な布教活動を行ない、欧米での支持を得るようになり、現在も信者をふやしています。

●バハーイ教の教義

バハーイ教は、宗教はどの宗教もすべて根源的には同じものと考え、人類の平和を最終目標に定めています。世の中の人類は、肌の色や男と女、貧富の差などにかかわりなく平等であると唱えます。また宗教と科学を調和させることで、人類は統一して平和を手に入れることができると説くのです。

日常生活でのきまりごととしては、礼拝・瞑想・断食などがあります。特徴的なのは、バハーイ教では19という数字を崇敬していてバハーイ暦に従って行事を行ないます。バハーイ暦は1年を19カ月として、1カ月を19日で計算します。1年の最終月19カ月には、日の出から日没までの間断食をするなどです。

バハーイ教の成り立ち

イスラム教創始者
ムハンマドの死後
（632年）

（イスラム共同体）
ウンマ

いくつかに分派する

シーア・アリー

シーア派

バーブ教

19世紀中頃

（神の啓示により）
バハー・アッラー

イスラム教からの迫害 → **バハーイ教** → パレスチナの地で布教

息子のアブドル・バハー
熱心な布教活動を行なう
欧米での支持を得て現在
も信者をふやす

バハーイ教の教義

宗教はどの宗教もすべて根源的には同じと考える

日常生活でのきまりごと

礼拝・瞑想・断食

1年を19カ月と考え
1カ月を19日とする
19を崇敬する

バハーイ暦

肌の色
男女の差
貧富の差

平等

最終目標
人類の平和

宗教と科学を調和
することで統一し
た平和を手にする
ことができる

バラモン教

6-6

●バラモン教の成り立ち

インダス川流域には、紀元前２０００年頃から高度な**インダス文明**が栄えていました。その後インダス文明が衰退する紀元前１５００年頃に侵入してきた**アーリア人**によって、先住民の宗教と融合させた自然現象を神格化した宗教ができあがります。これがインドの古代宗教、バラモン教です。

バラモン教の名称の由来は、アーリア人社会の身分制度＝カースト制度の最上級**バラモン**（神に仕えるもの）によるものです。カースト制度は4つの身分に分けられ、**ヴァルナ**（**四姓制度**）と呼ばれます。

ヴァルナは肌の色の意味で、肌の色による差別をあらわしたことがもとになっています。カースト制度を批判してのちに仏教やジャイナ教が生まれることになります。

●バラモン教の教義

バラモン教の教えは、輪廻転生の考え方が基本的なものとなります。人間は生きているときの行為（カルマ・業）から判断されて、死後人間に生まれ変わるかほかの動物あるいは植物などに生まれ変わるかが、決まるというものです。

この世で善く生きることができると最終的に輪廻から脱して解脱ができるのです。ヒンドゥー教も仏教もバラモン教の輪廻思想が基盤となっているのです。

バラモン教の**聖典『ヴェーダ』**は、神の啓示によってつくられたといわれるもので、リグ・ヴェーダ、サーマ・ヴェーダ、ヤジュル・ヴェーダ、アタルヴァ・ヴェーダの4編から成ります。『ヴェーダ』はカースト制のバラモンによって掌握され、バラモンは絶大な力をふるったのです。

バラモン教の成り立ち

紀元前2000年頃 ▷ インダス川流域に高度な ▷ **インダス文明**が栄えた ― 衰退

紀元前1500年頃、アーリア人が侵入 → **融合**

▽

自然現象を**神格化した宗教**

▽

古代宗教、**バラモン教**

▽

カースト制度のバラモン

バラモン教の教義

輪廻転生が基本となる

▽

生きているときの行為（業・カルマ）から判断されて、死後人間に生まれ変わるか、ほかの動物あるいは植物などに生まれ変わるかが決まる

▽

この世で善く生きること

▽

輪廻から脱する

▽

解脱

バラモン教の輪廻思想がヒンドゥー教と仏教の基盤となる

カースト制度

ヴァルナ（四姓制度）

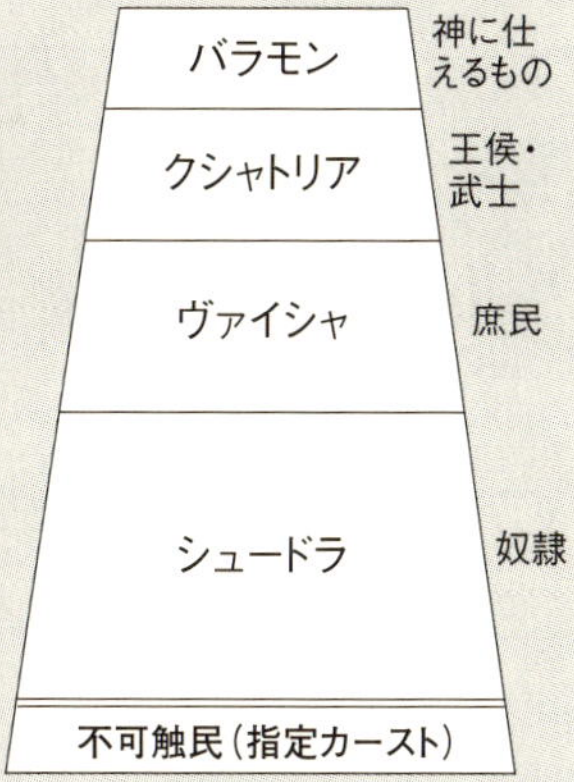

バラモン、クシャトリア、ヴァイシャの3階級は、再生して来世を生きることができるが、シュードラには再生が認められていなかった。第5のヴァルナもあった

6-7

ゾロアスター教

●ゾロアスター教の成り立ち

世界で最も古い宗教といわれる**ゾロアスター教**は、紀元前１４００年頃預言者ゾロアスターによって古代ペルシアに創出されました。ゾロアスターは、30歳のときに突如**アフラ・マズダ**の啓示を受け、信仰に目覚めます。アフラ・マズダの象徴は聖なる火とされるために、拝火教などとも呼ばれます。

紀元前594年、現在のイランに興った**アケメネス朝ペルシア帝国**の国教となり、最盛期を迎えますが、7世紀頃にはイスラム教の勢いに押され衰退します。インドへ移っていった教徒の一部は、ムンバイ（ボンベイ）を中心に現在も活動していますが、閉鎖宗教で外部からの入信は認めていません。

●他宗教に影響を与えた二元論

ゾロアスター教の教義の特徴は、善と悪とを**二元論的**にとらえるところです。アフラ・マズダが創造した善・光の神（スパンタ・マンユ）と悪・闇の神（アンラ・マンユ）は常に闘いを繰り返しているのですが、信者は自らの意志で神を選ぶことができるのです。

対立は宇宙の歴史となって続いていき、世界が終末を迎えるときに、善神が悪神を滅ぼすというものです。この二元論の考え方は、キリスト教やイスラム教に大きな影響を与えたといわれます。天国と地獄、天使と悪魔にあらわされる二元的な考え方がそれです。

ヒンドゥー教では、宇宙を破壊したシヴァ神のあとに、維持繁栄の神ヴィシュヌ神が救済にあらわれるという発想につながっているようです。ゾロアスターは、ドイツ語ではツァラトゥストラとなります。

ゾロアスター教の成り立ち

紀元前1400年頃

預言者ゾロアスターによって

↓

30歳のときに**アフラ・マズダの啓示を受ける**

↓

信仰に目覚める

古代ペルシアに創出

↓

世界で最も古い宗教

紀元前594年　現在のイランに興ったアケメネス朝ペルシア帝国の国教となり、最盛期を迎える

後7世紀頃、イスラム教に押され**衰退**

↓

インド、ムンバイ（ボンベイ）を中心に現在も活動（閉鎖宗教）

ゾロアスター教の二元論

アフラ・マズダ
- **善・光の神**（スパンタ・マンユ）
- **悪・闇の神**（アンラ・マンユ）

この二元論の考え方はキリスト教やイスラム教に影響を及ぼす

天国
地獄

天使
悪魔

シヴァ（破壊）
ヴィシュヌ（救済）

キリスト教、イスラム教、ヒンドゥー教の二元的発想につながる

★ONE POINT★

● ツァラトゥストラ

ニーチェの著書『ツァラトゥストラはかく語りき』のツァラトゥストラは、ゾロアスターのドイツ語表記

ヴードゥー教

6-8

●ヴードゥー教の特徴

ヴードゥーのもとの語はヴードゥンで、アフリカの神や精霊のことをあらわします。**ヴードゥー教**は中米のハイチやアメリカニューオリンズなど、アフリカから連行された黒人奴隷の間で信仰されていた宗教です。宗教とはいっても、神の名も教典、教団も存在しないので、むしろアフリカを起源とした精霊信仰といったところが正確なところかもしれません。

精霊信仰にカトリック的な要素が加味されることで、民族宗教的な体系をととのえたものと考えられています。ヴードゥー教の儀式は、太鼓をたたきそのリズムに合わせて歌い踊ります。病気治癒祈願や願望成就といった際に行なわれるのです。魔術や呪術が行なわれ、動物を生贄とするなどアフリカに古くから伝わる部族の間で信仰された形式も残っているのは、土着信仰にカトリックが強要された歴史的背景があるためです。

●ハイチ独立の原動力となる

18世紀の終わり頃、ハイチはフランスの植民地でしたが、フランス革命を契機として西アフリカから連れて来られた奴隷たちは反乱を起こし、戦いの末ハイチの独立を果たします。

１８０４年のことで、中南米で最初に独立を遂げたことで知られていますが、この独立運動を積極的にすすめたのがヴードゥー教の信者たちであったといいます。

現在のヴードゥー教は、カリブ海だけではなく、アフリカ西海岸でキリスト教やイスラム教と融和して、独自のスタイルを築いています。アメリカのニューオリンズにも信者はいるとされています。

ヴードゥー教の特徴

ヴードゥー教のもとの語＝**ヴードゥン**

アフリカの神、精霊をあらわす

中米ハイチ、ニューオリンズ（黒人奴隷）の間で信仰されていた

＋カトリック

アフリカを起源とした精霊信仰

- ○太鼓をたたき、そのリズムに合わせて歌い踊る
- ○魔術、呪術が行なわれ動物を生贄とする

中米ハイチ独立の原動力となる

18世紀の終わり頃、ハイチは**フランスの植民地**

反乱を起こす

1804年

ハイチの独立

（中南米で最初に独立）

積極的にすすめた

ヴードゥー教信者

ハイチ→面積28000km²、人口約700万人、コーヒー、綿花を産出（世界最初の黒人共和国）

神道① 成り立ちと変遷

6-9

●自然界にある神の存在

日本には古く縄文・弥生時代の頃から、山や木、森や川などのあらゆる自然界に神の存在があると考えられてきました。**八百万《やおよろず》の神**がそれです。

6世紀になって日本に仏教が伝来してくると、仏教と対照することでそれまでの神を神道と呼ぶようになったのです。仏教と**神道**とは反目し合うことのないように、**神仏習合《しんぶつしゅうごう》**という独自のあり方で共存してきました。平安時代になると、仏とは人々を救うために神が姿を変えたものと考える**本《ほん》地垂迹説《ちすいじゃくせつ》**が、仏教と神道を融合させることになるのでした。しかし、本地垂迹説は鎌倉時代頃までで、やがて日本の神こそが本来の姿をあらわすもので、仏はその化身でしかないととらえるようになります。復古神道の考え方はさらに**神仏分離**の方向へ向かい、江戸時代には仏教弾圧、**廃仏毀釈**などの運動が広がります。

明治時代になると、国の祭祀と神社信仰を結びつけることで**国家神道**としてのかたちを整え、神社を参拝することを国民の義務としたのです。ここに至り神道は自然崇拝の信仰から大きくかけ離れてしまったのです。しかし戦後には、神道は再び国家と切り離され、一宗教法人となりました。

●神社神道と教派神道

神道は、かたちのうえでは神社神道と教派神道とに大別されます。前者は伊勢神宮、出雲大社などを代表とする全国の神社。後者は教祖をもつ教団で、黒住教、天理教、金光教（成立順）等々です。学説によれば、右に挙げた三教団いずれもが伊勢や出雲の対角線上に派生している点が、両者の関係をみるうえで興味深いという指摘もあります。

自然界にある神

縄文・弥生時代から**自然界に神の存在**があると考えた

自然に囲まれて生活

自然の偉大な力や恐ろしい現象

▼

自然を崇拝

（八百万の神）

▼

6世紀に**仏教**伝来←―これと対照して**神道**成立

神仏習合（反目することのない独自のあり方）

平安時代――――**本地垂迹説**（仏教と神道の融合）

神道の変遷

江戸時代――――復古神道、神仏分離

廃仏毀釈

（日本古来の神道を見直し、復活させる運動広がる→仏教色の廃棄など）

明治時代――――国の祭祀　＋　神社信仰

国家神道

第二次大戦後――国家と切り離され、一宗教法人となる

神道②　現世利益信仰

6-10

●生活、地域に密着した信仰

神道が国体として国の政策に取り入れられたり、国家イデオロギーとして利用される一方で、一般民衆にとっての神社の神は、地域に密着した生活上の御利益を得るための、現世利益信仰であったことは間違いありませんでした。家内安全、商売繁盛、豊穣祈願など利益になることをかなえてくれる存在が神社の神さまだったのです。

生活に密着した神の存在は、願いごとを聞き入れてもらうために、ときに祭りで神を慰さめる必要がありました。

日本の各地で御輿《おみこし》や山車《だし》を引き回す祭りの行事は、神を御輿や山車に乗せてご機嫌をうかがうためのものだったのです。地域ごとの特色ある祭りの行事は何百年もの間、土地の人々によって支えられ伝承されてきました。

●祀られている神々

とくに教義や教祖、宗派といったことにこだわらず、誰でも手を合わせれば願いを聞いてくれる神のいる神社は、祀られている神々もまた多彩でありさまざまです。

『古事記』や**『日本書紀』**に登場する神を祀った神社としては、**天照大神**《あまてらすおおみかみ》の**伊勢神宮**や**大国主命**《おおくにぬしのみこと》を祀った**出雲大社**が有名です。神社の神には実在した人物が、神として祀られているということもあります。**太宰府天満宮**に祀られた**菅原道真**。**東照宮**に祀られた**徳川家康**、**上杉神社**の**上杉謙信**や**武田神社**に祀られた**武田信玄**など、戦国の武将たちは英雄としてたたえられ、武勲にあやかる意味も込められて崇拝されているのです。

どの人物をとっても、現世利益の考え方にふさわしい守護神といえます。

現世利益信仰

神社の神――地域に密着した**生活上の利益の神**

祭事――現世利益信仰

- 家内安全
- 合格祈願
- 商売繁盛
- 無病息災
- 豊穣祈願

祀られている神々

教義や教祖、宗派にこだわらず、手を合わせる**神社**

祀られている神は多様

○**『日本書紀』『古事記』に登場する神**

天照大神　伊勢神宮

大国主命　出雲大社

○**実在した人物を祀る**

菅原道真　太宰府天満宮

徳川家康　東照宮

●上杉謙信、武田信玄など、英雄とたたえられた戦国武将らの武勲にあやかろうとするのは、現世利益の考え方によるもの

★ONE POINT★

●**神道の世界観**

宗教は、死後の世界での幸せを説くものが多いなかで、神道は今現在を幸せに生きることを重要視する。自然に与えられた生を精一杯に生きて、次世代へ交替して死んでいく、それが神道の世界観なのだ

儒教

6-11

●儒教の成り立ち

紀元前551年頃に中国に生まれた**孔子**によって説かれた教えが**儒教**です。孔子は最初弟子たちに、政治や人の生きる姿の理想を説いていましたが、死後100年ほど経ってから**孟子**《もうし》によって思想が体系化されました。儒教は宗教ではなく思想あるいは**儒学**と呼ばれる学問だとする見方もありますが、儒教では祭祀儀礼がていねいに執り行なわれたことから宗教と考えるようになったようです。

孔子の教えを弟子たちがまとめた『**論語**』は、長い時代にわたって読み継がれ日本には4世紀ごろ伝わってきました。人間としていかに善く生きるかを秩序や礼儀の重要性から説く教えは、日本人にも多くの影響を与えました。中国の漢の時代には儒教は国教となりましたが、その後仏教や道教と融合するなど発展的に広がり、朝鮮半島では李朝時代に国教となっています。

●儒教の教え

儒教の経典は**四書**（大学・中庸・論語・孟子）、**五経**（易経・書経・詩経・礼記・春秋）で、それをもとに**五倫五常**という人間関係における徳目として完成されました。五倫とは**親**、**義**、**別**、**序**、**信**のことで、五常とは**仁**、**義**、**礼**、**智**、**信**のそれぞれ5つです。

孔子の教えを受け継いだのは、孟子でした。孟子は人間のもって生まれた性質を善とする**性善説**を説きました。**荀子**《じゅんし》は人間のもって生まれた性質を悪とする**性悪説**を唱えたのです。その後**董仲舒**《とうちゅうじょ》、**朱熹**、**王守仁**（**王陽明**）などによって発展的に変化しつつも、儒教の教えはアジアでは精神的な心の拠りどころとして今なお多くの人に受け継がれているのです。

儒教の成り立ち

紀元前551年頃 中国に生まれた**孔子**によって説かれた教え

→『論語』

約100年後 ―― 孟子による思想の体系化

▼

中国漢の時代国教となる ―― **儒教が生まれる**

▼

仏教や道教と融合

▼

朝鮮半島では
李朝時代に国教となる

儒教の教え

儒教の経典―― **四書**(大学・中庸・論語・孟子)

五経(易経・書経・詩経・礼記・春秋)

四書・五経をもとに人間関係の徳目を説く

▼

五倫五常が完成される

	五倫		五常
親	父子間の情愛	仁	相手を思いやる心のこと
義	王と家臣の間の道徳	義	人として守るべき正義の道
別	夫婦間のわきまえ	礼	他人を敬う礼儀のこと
序	長幼の間の序列	智	善悪の判断をする力
信	友人間での信義	信	誠をもった実直な姿勢

☆孔子の教えの流れ
孟子 → 董仲舒 → 朱熹 → 王守仁(王陽明)

道教

6-12

●民間宗教を基とする

中国の人々の間に、自然発生的に生まれた宗教のひとつが**道教**です。多くの神を信仰し呪術をする原始宗教をもとに、**神仙思想**や**陰陽五行説**を融合させ、現世利益的な宗教として体系化されたものです。現世利益のほかに究極目的に**不老長寿**なども取り入れています。道教の名称の由来は、**老子**（中国戦国時代諸子百家のひとり）が説く宇宙の道についての思想的影響を受け、**道家**を神格化した教義の意味です。

2世紀の後漢で、**干吉**《かんきつ》によって開かれた**太平道**や同じ頃に**張陵**《ちょうりょう》が始めた**五斗米道**《ごとべいどう》などの教団ができたのが、道教のはじまりとされています。河北地方で干吉がお札を水に浸け、そのお札で病を治すという呪術的な宗教を開きますが、これを継いだ張角は国家的宗教組織の建設を目指して反乱を起こします（**黄巾の乱**）。同時代を舞台に描かれた『**三国志演義**』には、黄巾の乱を起こした教団太平道の記述があることでも知られています。

5世紀には北魏の**寇謙之**《こうけんし》が、本格的道教集団**新天師道**を設立し、国教となっています。

●陰陽五行説

道教の中心となる思想は**神秘思想**といわれる占星術や陰陽五行説です。自然界にある物を陰と陽のどちらかに分けることによって解き明かそうとするもので、五行、木・火・土・金・水を合わせて**陰陽五行説**といいます。

日本には6世紀に仏教とともに伝来し、**陰陽師**《おんみょうじ》によって日本独自の**陰陽道**が発達しました。陰陽道から道教の教えるところが広まって、現在でも屠蘇や七草のしきたりに道教の名残りを見ることができます。

民間宗教

中国の人々の間に、**自然発生的に生まれた宗教**のひとつ

↓

多くの神を信仰し呪術をする原始宗教

＋

神仙思想や陰陽五行説
の融合

↓

道教のはじまり ← 現世利益的な宗教として体系化

↓

2世紀の後漢

究極目的に不老長寿

→ 干吉が開いた——太平道
張陵が始めた——五斗米道

陰陽五行説

道教の中心となる思想 —— 神秘思想といわれる
（占星術・**陰陽五行説**）

↓

6世紀日本に仏教とともに伝来

↓

日本独自の陰陽道が発達

↓

陰陽師（平安中期）　阿倍晴明

自然界にあるものを
陰と陽に分けて五行
（木・火・土・金・水）
で解き明かす

★ONE POINT★

●『三国志演義』
明の時代の長編小説で、四大奇書といわれるもののひとつ。蜀の劉備、関羽、張飛が桃園の契りを結ぶところから晋による天下統一までを三国史（魏・呉・蜀）に基づいて書かれた歴史小説

修験道

6-13

●山岳信仰から独自に発展

日本では古くから山には神々が住んでいると考えられていました。その**山岳信仰**に神道、仏教（密教）、道教が混合して、独自に発展したのが**修験道**です。

修験道を開いたのは、**役行者**《えんのぎょうじゃ》あるいは**役小角**《えんのおづぬ》と呼ばれる人物といわれています。奈良時代の初期に活躍した小角は**『日本霊異記』**や**『今昔物語集』**にもその名が記載されていて、呪術を使い、鬼神を操り、空を飛ぶこともできるという能力を備えていたといいます。

山や森の奥深く自然のなかで、肉体を鍛え精神の修行を積むことでこの世の中の真理を学ぼうというのが修験道の目的です。宗教として完成されるのは室町時代になってからのことですが、その頃になると山伏の装束姿がひとつのスタイルとしてできあがります。

●衰退そして復活

密教の影響を強く受けていた修験道の本尊は**蔵**《ざ》**王権現**《おうごんげん》です。本体は**金剛胎蔵王**《こんごうたいぞうおう》**如来**で、胎蔵と金剛の二つをおさめる王をあらわします。**神仏混合**の修験道は、明治時代になると神仏分離令（１８６８年）によって衰退します。修験者は江戸時代から加持祈祷や寺社管理などといった職につくことが多くなっていましたが、明治時代になって山を降りた修験者は登山ガイドになって生計を立てるなどしてきました。

第二次大戦後に宗教の自由が保障されるようになり、修験道は復活しますが従来どおりというわけではありませんでした。近年修験道が聖地として修行の場としてきた吉野山、熊野三山、高野山が世界遺産登録で衆目を集めるようになっています。

山岳信仰から発展

山岳信仰（山には神々が住んでいる）＋ ｛神道／仏教（密教）／道教｝

↓ 混合

独自に発展

↓

奈良時代
役行者（役小角）によって開かれる → **修験道**

↓

呪術を使い、鬼神を操り
空を飛ぶ能力を持っていたという

（山伏姿）

↓（修験道）

密教の影響 ｛山や森などの自然のなかで肉体・精神を鍛える｝

↓

この世の真理を
学ぶことが目的

↓

室町時代 → 宗教として完成

修験道の衰退

明治時代――神仏分離令（1868年）によって衰退
現在――――世界遺産などとして修行の場所が衆目を集める

★ONE POINT★

● 六根清浄
修験僧が修業のときに唱える「ざんげ、ざんげ、六根清浄」の六根清浄とは、六根（眼、耳、鼻、舌、身、意）のことで、欲望を断ち切ることを意味する

▼▼▼参考文献▲▲▲

『図説世界と日本の宗教』鈴木紘司・豊島泰國・藤巻一保・本田不二雄（学習研究社）『図解宗教』塩尻和子・津城寛文・吉水千鶴子監修（成美堂出版）『見てわかる宗教入門』山折哲雄監修（ナツメ社）『オール図解世界の三大宗教』井上順孝監修（日本文芸社）『世界「宗教」総覧』歴史読本特別増刊・事典シリーズ〈第20号〉（新人物往来社）『すぐわかる世界の宗教』町田宗鳳監修（東京美術）『今知りたい世界四大宗教の常識』白取春彦（講談社）『世界の宗教総解説』（自由国民社）『これだけは知っておきたい三大宗教』武光誠（ナツメ社）『世界の宗教知れば知るほど』星川啓慈監修（実業之日本社）『面白いほどよくわかるイスラーム』青柳かおる著・塩尻和子監修（日本文芸社）『イスラム教』M・S・ゴードン東西峻介訳（青土社）『ユダヤ・キリスト・イスラム集中講座』井沢元彦（徳間書店）『日本と世界の宗教がひと目でわかる！』歴史の謎研究会（編）（青春出版社）『世界六大宗教101の常識』大澤正道（日本文芸社）『日本の仏教』渡辺照宏（岩波新書）『世界宗教百科』ジョン・ボウカー編・松村一男監修（原書房）『聖書百科全書』ジョン・ボウカー編・荒井献・池田裕・井谷嘉男監修（三省堂）『世界地図』正井泰夫監修（成美堂出版）『広辞苑』新井出編（岩波書店）

●監修者略歴

大野輝康（おおの・てるやす）

宗教研究家。早稲田大学文学部卒業。東宝（株）入社。その後博報堂に移りテレビ・ラジオの番組企画制作・出版業務に従事。博報堂関連会社の代表取締役に就任。退職後宗教法人黒住教の教議会常任委員長としてまた宗教の垣根を越えて宗教研究家としても活躍中。財団法人日本舞踊振興財団評議員も勤めている。

学校で教えない教科書

面白いほどよくわかる

世界の宗教

＊

平成21年７月20日　第１刷発行

監修者

大野輝康

発行者

西沢宗治

印刷所

誠宏印刷株式会社

製本所

小泉製本株式会社

発行所

株式会社日本文芸社

〒101-8407 東京都千代田区神田神保町 1-7

TEL.03-3294-8931［営業］, 03-3294-8920［編集］

振替口座　00180-1-73081

＊

ISBN 978-4-537-25690-1

112090630-112090630Ⓝ01

編集担当・大谷

URL　http://www.nihonbungeisha.co.jp